행복해지는 교사들의 7가지 수업

강신진 유덕철

대한민국 교사를 위한
수업 지원 기본 교양서

BOOKK✎

행복에지는 교사들의 7가지 수업

저   자 | 강신진 유덕철
내지그림 | 유덕철

발   행 | 2023년 3월 3일
펴낸이 | 한건희
펴낸곳 | 주식회사 부크크
출판사 등록 | 2014.7.15.(제2014-16호)
주   소 | 서울특별시 금천구 가산디지털1로 119
                     (SK 트윈타워 A동 305호)
전   화 | 1670-8316

ISBN | 979-11-410-1808-5
www.bookk.co.kr
ⓒ 강신진 2023

차 례

1부 수업은 교사의 삶이다

교사의 삶은 수업이다

2부 수업 전문가 되기

교사는 수업전문가다

3부 수업시간 7T 실천하기

행복해지는 교사의 7가지 수업

4부 수업 평가와 기록하기

수업평가 이대로 좋은가

들어가며

교사는 수업이 생명이라고 한다.

수업은 교사의 주 업무이다.

그동안의 수업 경험을 바탕으로 학교 현장에서 수업의 의미와 방법에 대하여 경험과 의견을 기록했다. 또한 미래 수업의 방향, 교사의 수업 전문성에 관한 이야기다. 수업을 가장 중요하게 생각하며, 수업의 본질적인 의미와 좋은 수업을 위한 행복해지는 교사들의 7가지 수업을 정리했다.

수업의 진정한 의미는?

좋은 수업의 방법은?

미래수업과 평가기준은?

교사는 수업과 교무(校務)업무, 담임 등 생활지도를 담당하며, 평가하고 학교생활기록부에 기록한다. 학생들을 가르치는 유·초·중·고등학교의 선생님이 좋은 수업으로 즐겁고 행복한 학교생활을 기대하며 이 책을 썼다.

나의 마음은 The Beatles 'Let it Be~'

수업은 교학상장(敎學相長)이다.

교사는 수업으로 학생과 함께 교실에서 행복과 소질을 찾아주는 게임을 한다. 자신의 수업에 고민이 없는 교사는 없다. 수업은 역지사지(易地思之)의 마음으로 해야 즐겁다. 책을 쓰면서 그동안 수업을 다시 한번 돌아볼 수 있는 마음으로 수업 시간 경험한 일부분을 행복해지는 교사들의 7가지 수업을 제시했다. 수업 역량이 함양되어, 교사전문성이 높아지고, 좋은 수업으로 행복한 학교생활 하시기 기대합니다.

학생을 가르치는 선생님께 좋은 수업에 조금이나마 도움이 되기를 기대하며 이 책을 드립니다.

선생님이 자랑스럽습니다.

대한민국의 미래 인재를 양성하는 선생님의 노고가

대한민국의 미래이고, 희망입니다.

항상 응원과 격려를 보내는 사랑하는 가족에게 감사드리며, 수업에 대하여 늘 참관 기회를 주고, 자료를 제공해주시고 점검해주신 동료 교사들에게 감사를 드립니다.

2023년 3월 자유공원에서

강신진 유덕철 드림

1부
수업은 교사의 삶이다

교사의 삶은 수업이다

1부
교사의 삶은 수업이다

교사의 삶은 가르치는 일상이다.

수업의 의미, 수업 시간 교사의 역할과
수업 시간에 인성 교육하는 방법,
학생의 자세를 알아본다.

평생 공부하는 평생학습 시대이다.
똑똑한 기술을 활용하는 에듀테크,
따뜻한 마음을 품은 인재를 키우는 교사들의,
미래 수업의 방향과 방법을 살펴본다.

1. 이 일은 무엇일까?

이 일은 나에게 작은 일이나 큰일이기도 합니다.

이 일은 내가 하기에는 매우 쉬운 일입니다.

그러나 하고 싶은 일이기도 하며, 하기 싫은 일이기도 합니다.

이 일은 가볍게 여긴다면 후회하는 일이기도 합니다.

이 일은 당신이 하는 대로 그저 따라가는 일 입니다.

이 일 때문에 나를 좌지우지 할 수 있는 일이기도 합니다.

따라서 이 일은 기뻐하거나 슬퍼하는 일의 반복입니다.

이 일은 뿌듯함을 주기도 하며, 자신감을 가지게 합니다.

이 일은 평생 하는 일 입니다.

이 일은 위대한 일이고 대단한 일 입니다.

이 일은 배우기도 하며 가르치기도 하는 일 입니다.

그러므로 이 일은 미래에 가치가 있는 일 입니다.

이 일은 무엇일까요?

이 일은 공부(工夫)입니다.

공부(工夫)

공부(工夫)는
학문이나 기술을 배우고 익히는 것
학교 공부가 있고 인생 공부가 있네
마음가짐은
공부는 간절하게, 딴 생각을 하지 말아야 하며
집중해야 한다네

진정한 공부는 무엇인가?
진정한 공부는 사람을 존중하는 공부
자연을 살피는 공부, 세상을 밝게 하는 공부
세상을 맑게 하는 공부

더불어 함께 돕는 게 공부라네
사는 것 자체가 다 공부라네
무엇을 위하여 공부하나?
공부는 평생하는 것이라네

진심경 1

2. '공부' 참 좋은 말이다

공부 의미는 무엇일까?

'공부', 이는 듣기만 하여도 설레는 말일까?

가정과 학교에서 어릴 때부터 기본적인 말하기, 듣기, 읽기, 쓰기, 셈하기 등을 배운다. 부모와 교사로부터 여러 가지를 배운다.

우리는 음식을 만들어 먹고, 독서도 하고, 영화도 관람하고, 노래도 부르며 운동도 한다. 멋지게 그림을 그리는 일, 맛있는 음식을 만드는 일, 부모로부터 예절을 배우고 지키는 일, 장소와 때에 따라 옷 잘 입기, 일찍 자고 일찍 일어나기, 이 모든 것이 삶에 필요한 진정한 공부에 해당한다.

공부는 생활이며, 인생의 동반자이다.

공부(工夫, study)의 사전적 의미는
"학문이나 기술을 배우고 익히는 것"라고 되어 있다.

이것이 정답일까?

오늘날 유·초·중·고·대학교에서 하는 교육을 공부(工夫)라 한다. 틀린 말은 아니다. 이것은 하나만 알고 둘은 모르는 현상이다. 학교에서 배우는 교과 내용 배우는 것을 공부라 생각하는 경우가 많다. 학생들은 시험을 보는 내용을 공부한 다며 열심히 한다. 흔히 시험공부를 공부라고 여긴다.

시험 치르기 위해 공부하면 그것이 진정한 공부인가?
시험을 안 보면 대부분 공부는 안 한다. 그렇다고 시험을 없앤다고 학교와 교사에게 이익이 있겠는가?

학생에게 어떤 도움이 될까?
이런 공부 왜 하지?

교육은 자신의 관심과 흥미가 매우 중요하다.
사람은 교육을 통해 변화하고 성장하며 어른이 되는 것이다.
학습은 의지가 강하고, 자신의 주도성이 뛰어난 사람이 잘한다. 자기 스스로 실천하는 주도성이 중요하다.

공부는 평생 하는 것이다.

배우고 익히는 것을 평생 하는 것이다. 평생 배워야 할 내용은 너무 많다. 삶을 유지하려면 평생 배워야 한다. 좋아하는 것을 배우고 잘한다면 금상첨화이다.

우리의 삶은 곧 공부다. 평생 학습하는 게 의무다.

어떻게 배워야 하나?

공부를 가르치는 게 교사의 삶이다.

학생에게 잘하도록 격려하고 칭찬하고 지지하면 된다. 그러나 학교 교실은 공부를 잘하려는 학생이 있는가 하면 전혀 그러하지 않은 학생도 있다. 공부에 관심이 많으면 잘하게 되고, 공부에 관심이나 흥미가 없으면 소홀히 하게 된다.

교사 생활은 학생에게 관심을 가져야 하는 게 일상이다. 교사는 모두에게 관심을 가지고 가르쳐야 하는데 기준이 이리저리 움직이는 갈대와 같다. 모두를 품어야 하는 삶이다.

학교 교실은 다양한 학생이 존재하는 작은 사회다. 공부에 흥미를 느끼지 못하는 학생을 가르치는 경우가 제일 힘들다. 이 일을 끝까지 하는 게 사명이다. 끊임없이 가르치는 삶이다.

교사의 삶은 학생에 대한 사랑과 교육에 대한 열정이 으뜸이다. 희생과 헌신을 강요하지는 않는다. 다만 책임감과 성실함은 필요하다. 교육에 정답은 없지만 정석은 이런 것이다.

속담에 '평양감사도 자기 하기 싫으면 못한다.'라는 표현이 있다. '말은 물가에 데리고 가더라도 물을 먹는 것은 말이다.'. 어떤 경우에는 '말이 목마르게 하라'라는 표현도 있다.

모두 자발적인 의지가 중요함을 강조하는 말이다.

교사는 공부하는 방법을 알려주고 잘 할 수 있도록 코칭하며 때로 훈계하면서 교육하는 게 일이다. 그러나 요즘에는 훈계나 강요를 할 수 없다. 인권침해 소송에 휘 말리는 경우가 있어 원만하게 전하는 경우가 많다. 흔히 잔소리하는 횟수가 줄어든다. 스스로 잘할 수 있도록 교사가 동기유발을 하고 기대할 뿐이다.

공부의 목적이 무엇인가?

공부하려면 많이 보고, 많이 읽고, 많이 경험하는 것이다.

공자는 "들은 것은 잊어버리고, 본 것은 기억하고 직접 해본 것은 이해한다."라고 했다. 경험이 중요함을 강조하는 말이다.

일상생활에서 행하는 모든 것이 인격 형성에 도움이 되는 공부이다. 공부는 내가 잘 할 수 있는 것을 찾는 보물찾기 게임이다. 관심 분야의 흥미를 찾는 일이 중요하다. 관심 있는 분야의 호기심을 가져야 한다. 내 인생 어떻게 바뀔지는 아무도 모른다. 공부 마음먹었다면 작게라도 변화하는 것이다.

포기하지 말고 끝까지 하는 것이다. 관심과 호기심은 공부의 시작이다. 시작했으면 인내심을 가지고 파고드는 게 공부이다.

Naver Give Up

시대가 바뀌어도 세상이 변해도 인생 자체가 공부이다.

머리로 이해하는 공부에서 세상에 이바지하는 공부가 가치있는 진짜 공부다. 세상을 배우고 공헌하는 공부가 진짜 공부다.

평생 학습을 해야 하는 인공지능 시대이다. 빠르게 변하는 인공지능 시대에 공부는 더욱 필요하다. 공부는 한 사람을 변화하게 하며 사회인으로 성장하게 돕는 것이다. 공부는 개인의 미래이고, 국가의 미래이다.

당신은 누구십니까?

나는 인재를 가르치는 교사입니다.
교사는 배워서 남에게 주는 Giver이다.
Give & Take이다. 잘 가르치는 Giver는 존중받는다.
좋은 교사를 위해 노력하는 선생님이 자랑스럽습니다.
자 이제부터 공부하자.

공부하면 세상이 다르게 보인다.

나를 위한다는 공부가 결국 세상에 이바지하는 것이다.

공부는 평생하는 것이다.

공부해서 남 주는 게 교사의 삶이다.

진심경 2

3. 누구를 위하여 종을 울리나

수업 시간은 정해져 있다.

학교는 수업 시간에 학생을 가르친다.

수업 시작종을 치면 교실로 들어가고 마치는 종을 치면 교실을 나온다. 학교 종소리는 수업의 시작과 끝을 의미한다.

누구를 위하여 종을 울리나?

수업 시간 종소리는 반가울 때가 있고 싫을 때도 있다. 종소리는 교사에게 희망이며 가슴이 설레고 떨리기도 한다.

수업은 교사가 학생에게 지식이나 기능을 가르쳐 주는 행위이다. 교사는 학생 생활교육도 담당한다. 학생의 능력을 향상시키며, 태도와 가치관을 형성시키는 교육적인 활동을 한다.

수업 시간은 교사의 삶이요, 학생과 함께하는 시간이다.

학교의 수업 시간은 정해져 있다. 우리나라는 유·초·중·고등학교 교육과정에 법적인 시수를 확보할 때 수업으로 인정된다.

수업은 학교 현장에서 일상적으로 이루어지는 교육 시간을 말한다. 학생들을 위하여 교사가 매일 해야 하는 성스러운 시간이다. 수업 시간은 교사와 학생이 함께하는 시간이다. 이 시간에 교과서를 중심으로 가르친다. 국가 교육과정에 의해 수업 시간표가 편성되고, 교과 내용을 가르친다. 이것이 수업시간이다. 교사는 정해진 수업 시간에 수업한다. 수업은 일신우일신(日新又日新)이며, 일상 진행된다.

수업 시수는 교육법시행령을 근거로 시행한다.

수업시수는 학교의 교과목 시간이다. 유·초·중·고등학교에서 이수해야 하는 시간이다. 학교에서 행하는 수업시수와 수업 시간은 정해져 있다.

학교의 수업 시간은 초등학교는 40분, 중학교는 45분, 고등학교는 50분이며 블록으로 수업을 이어서 하는 경우도 있다.

대학교는 45~75분으로 운영된다. 수업 시간은 잘지키는 게 중요하다. 하루의 수업 시간, 주 단위의 수업 시간, 학기 단위의 수업시간, 년 단위의 수업시간 학교급별로 다르다. 학교는 법적인 수업 시수를 반드시 실시해야 한다.

교사에게 수업은 삶 자체이다.

수업 전에는 학생들의 상황을 파악하고 이에 맞게 교재 연구하고 가르칠 준비를 철저히 한다. 수업 시간에 가르칠 내용을 준비하고 교과 내용을 가르친다.

수업 시간보다 수업 준비가 더 힘들다. 특히 여러 교과목을 가르치는 초등학교 교사는 주로 학생들을 귀가시킨 후 연구한다. 매일 전 교과를 준비하느라 무척 고되다. 오후에는 학교 업무도 해야 한다. 매우 바쁘게 하루가 지나다 보니 차 한잔 여유 있게 마실 시간도 없다. 교과 담당 교사도 마찬가지로 수업 시간보다 수업 준비를 더 신경을 써서 해야 좋은수업을 할수 있다. 여러 학년을 담당하게 되면 두 배 이상 더 힘들다.

중·고등학교는 교과목별로 다학년 가르치는 경우에 따라 연구와 업무에 차이가 크다. 다학년은 다교과의 시험문제 출제, 수행평가, 결과 및 특기사항등을 학교생활기록부에 입력해야 한다. 고등학교는 대학 입시교육에 매몰되어 입시에 도움이 되는 수업에 온 힘을 다한다.

초·중·고등학교 교사들은 교과 진도를 모두 나가야 하는 게 연간 목표이다. 교사는 교과 내용을 가르치며 지켜야 할 규칙에 대하여 생활지도를 한다. 이를 모두 가르쳐야하는 사명감과 책임감이 크다.

수업 시간 학생들의 시간 낭비는 참 고역이다.

집중하라며 가르치고 있으나 딴짓도 많이 한다. 과거나 현재나 비슷하다. 미래는 좀 나아지려나 기대한다.

학생들은 개성이 다르고, 각자의 배경지식 수준, 가정의 학습 환경이 천차만별이다. 수업 시간 어떻게 하면 놀면서 지낼까를 생각하는 학생도 많다.

학생은 수업 시간 적극적인 참여를 해야하다. 모든 교사의 희망사항이다. 학생들은 수업 시간에 자신의 미래 꿈과 희망을 키우며 노력하고 있다. 일부는 전혀 그러하지 않는 경우도 증가하고 있다. 최근 개인별 맞춤형 교육이 절실하게 필요한 시점이다. 수업 시간은 정해져 있으므로 부족한 내용은 스스로 자습하거나, 쉬는 시간에 선생님께 개별 지도를 받는다.

교사는 학생에게 격려와 칭찬을 하며 가르친다. 개인의 소질과 능력을 찾아주는 게 교사의 관찰 능력이다.

가정에선 각자 배우고 익힌다.

가정학습을 하도록 숙제도 없애는 것이 오늘날의 상황이 되었다. 요즈음엔 학원에서 선행 학습하여 배우고, 학교에서 학원 숙제하는 경우가 있다. 사교육 기관은 정해진 수업 시간 이외에서 무한대로 가르치고 배울 수 있는 기관이다.

학교는 정해진 수업 시간 이외에 더 가르치고 싶어도 시간 부족으로 제대로 못 한다. 수업시간 시간낭비는 큰 잘못이다. 수업시간을 유연하게 운영하는 방법이 필요하다.

수업 시간은 교육부에서 교육과정으로 정해놓았기 때문에 반드시 지켜야만 한다. 학교 또는 교사가 재량으로 더 가르칠 수 있는 시간이 아니다. 학교는 최소의 법적인 수업시수로 정해진 교과 성취기준에 따라 내용을 가르치는 기관이다. 주어진 시간에 최선을 다할 뿐이다.

4. 수업 뭣이 중한디

수업 은 교사가 해야 할 당연한 의무이다.

수업시간 행복하십니까?

수업을 어떻게 하는지가 교사의 고민 중 하나이다. 교실의 상황과 학생들의 수준이 매우 다르기 때문이다. 교사는 불안하고 걱정이 많아 궁리하고 연구를 한다.

어떻게 해야 즐거울까?

교과의 내용을 쉽게 설명하려면 학생들의 수준으로 내려와야 한다. 그러려면 학생들의 언어를 이해하고 쉽게 가르쳐야 한다.

학생에게 대하는 언어 수준을 다르게 하여 쉬운 말로 차근차근히 설명해야 한다.

교사와 학생은 따뜻한 인간관계가 형성되어야 즐거운 수업 시간이 된다. 친근한 관계는 미소와 칭찬에서 시작한다.

수업이 즐거운 것은 새로운 지식을 배우는 게 아니라 선생님을 반갑게 기다리는 것이다. 따뜻한 인간관계가 중요하다.

학생들은 좋아하는 사람 기다리듯이, 친구 기다리듯이 수업 시간을 기다린다. 선생님을 맞이하는 것이다.

수업 시간에 관계가 잘 형성되면 즐거운 시간으로 기억할 것이며, 좋은 선생님으로 기억되는 것이다.

과거를 생각하게 한다.

과거엔 학교에서 학생을 가르치는 일은 너무 쉽게 생각하고 지내왔다. 지금까지 수업하면서 시험을 잘 보도록 가르치는 경우가 많았다. 그땐 성적 제일주의 교사로 살았다. 이게 교사의 본질인 줄 지냈다. 긴 시간 지내보니 교사는 이것이 전부가 아니다를 깨닫는다. IQ 시대에서 EQ 시대로 변화되고 있다.

학교 수업은 교육의 목적이 스며들어 있다. 학교 수업은 교육과정이다. 수업 시간은 교과 지식과 기능, 올바른 태도를 함양하는 시간이다. 수업은 그 목적에 따라 배우는 가치가 각각 다르다. 수업을 시험으로 생각하여 진도 나가기에 급급하면 학교는 입시기관이 되는 것이다. 교실은 작은 사회이다.

수업하는 시간은 삶을 위한 교육이 중요하다.

학교가 삶에서 행복공간이 되려면 즐겁고 신나는 행복한 교실이 되어야 한다.

학교는 교육의 목적을 늘 고려하고 교육해야 한다.

우리나라의 교육기본법 제2조를 제시한다.

제2조(교육이념)

교육은 홍익인간(弘益人間)의 이념 아래 모든 국민으로 하여금 인격을 도야(陶冶)하고 자주적 생활능력과 민주시민으로서 필요한 자질을 갖추게 함으로써 인간다운 삶을 영위하게 하고 민주국가의 발전과 인류공영(人類共榮)의 이상을 실현하는 데에 이바지하게 함을 목적으로 한다.

[전문개정 2007. 12. 21.]

수업시간에 행복할 수 있을까?

교사의 입장이다.

교사는 학기 초 수업자료를 만들고, 업무처리 하느라 가장 바쁘고 힘든 시기다. 특히 초임 시절에는 수업 방법을 터득하고 가르치느라 힘들다. 힘드니까 교사다. 교사의 힘든 경험은 고진감래를 실감하게 된다.

교사는 교과 지식을 가르치며 지낸다.

교사의 수업 목표는 무엇인가?

수업 시간 진도 나가고, 시험을 봐야 하고, 평가하여 서열을 구분하고, 학생부에 기록해야 한다는 것이다. 이 일이 일차적인 목표일 수 있다. 교사는 이 일을 잘하는 건 당연하게 생각한다.

학생 입장도 마찬가지이다.

교실에서는 노력하고 도전하려는 학생들이 많다. 일부 학생들은 잠을 자거나 딴짓도 한다. 몸은 학교에 있지만 마음은 콩밭에 있다. 시간을 낭비하고 있으니 안타깝다. 수업시간 참여하는 게 당연하도록 친구들과 함께 지내도록 해야 한다.

과거 저 경력 시절에는 수업 시간 딴짓하면 가르치는 도중에라도 절대 허용을 안했다. 왜냐하면 내 시간에 다른 과목 학습하거나 딴짓하면 나를 무시하는 행동으로 오해했다. 화가 나면 묻지도 따지지도 않고 학생들을 혼냈다. 학생 행동만 보고 판단했던 일이 생각난다. 지금은 말할 수 있다. 지금은 그런 학생을 이해한다. 그 학생은 그 게 우선순위이다. 그리고 교사를 마음속으로 무시하지 않는다는 것을 안다.

자기가 하고 싶은 것을 하는 것이다. 지금은 그게 좋아서 그런가 보다 생각한다. 교사는 수업시간에 관심을 갖도록 유도한다. 매사에 성실한 것이 모든 일의 기본이 되는 마음가짐이라고 알려준다. 지금은 그때의 학생들에게 미안한 마음뿐이다.

수업은 함께 하는 것이다. 외쳐본다.

교사는 잘 가르치려면 공부를 많이 해야 한다. 하나를 가르치기 위해서 열을 공부해야 한다. 지식의 깊이가 있어야 삶 주변의 상황을 살펴 가면서 가르치게 된다. 학생들은 여러 교과목을 배우고 익힌다. 교과 내용이 지금 학교 현장과 가정에서의 삶에 유용한 지식이 된다면 좋은 수업이다. 모든 내용을 현재의 삶과 연계할 수는 없지만, 공부는 대부분 미래의 나의 삶과 사회발전을 위해 대비하는 것이다.

학생이 원하는 수업만을 할 수는 없다.

교사가 원하는 수업만도 할 수 없다. 서로에게 도움이 되는 수업이 제일이다. 교사와 학생은 좋든 싫든 수업 시간 학습을 무조건 함께해야 한다.

학습이 즐거운 학생이 얼마나 될까?

공부의 요령은 별 차이가 없다. 알고 싶은 것, 배우고 싶은 것을 공부하는 마음으로 가르치는 것이다. 학습하는 학생들의 수준을 고려하여 준비하는 일이다. 학생들은 누구나 다 좋은 성적을 원한다. 노력하지 않고 쉽게 좋은 점수를 얻으려고 하니 교사는 안타까울 뿐이다. 고등학교는 등급제이다. 그래서 어려운 문제 출제하거나 교과서의 구석에 있는 내용을 비비 꼬아서 시험문제 출제하기도 한다. 상대평가를 하는 지금 어쩔 수 없다.

교사의 업무 중에 시험 문항 출제는 힘든일이 되고 있다. 시험문항이 문제집과 내용이 비슷하거나, 오류가 없도록 철저하게 출제하고 관리하는 게 의무사항이다. 고등학교는 교사도 학생도 서로 경쟁이다. 학생은 친구와 비교하는 등급경쟁이요, 교사는 학생 진학을 위한 선의의 경쟁이다. 수업은 서로 소통하는 게 정상이지만 고통이다.

공부해야 하는 상황에 딴짓하니 안타깝다. 자신을 위한 학습인데 관심 없는 학생은 더욱 걱정된다.

수업시간 중요한 건 교사도 행복하게 지내야 하고, 학생도 의미있는 수업시간을 지내야 한다. 상대평가를 절대평가로 바꿀 수 있는 시점이다.

지지자 불여호지자, 호지자 불여낙지자
(知之者 不如好之者, 好之者 不如樂之者)

한 번쯤은 들어봤을 문구이다. "아는 사람은 좋아하는 사람만 못하고, 좋아하는 사람은 즐기는 사람만 못하다"라는 뜻이다. 주어진 일을 즐겁게 해야 좋다는 의미다. 수업에서 최고가 되기 위해서는 자신의 수업을 즐겨야 한다는 사실이다. 당연한 이야기다. 교사는 가르치면서 배우는 사람이다. 가르치는 걸 좋아하고 즐기면 행복한 교사이다. 수업시간 모두가 행복해지길 기대한다.

교육 분야에 없는 게 있다고 한다. "교육에는 정답이 없다. 수업에는 비밀이 없다. 배움에는 공짜가 없다."이다.
교육에 무엇이 있을까?
희망과 소망이 있다.

5. 수업시간 4C가 필요해

수업 시간은 4C를 배우는 시간이다.

오늘날의 학교는 전통적으로 내려오는 교육과 미래 교육의 융합교육을 하는 시대이다

'19세기 학교에서 20세기 교사가 21세기 학생들을 가르치고 있다'라는 말이 있다. 교실에서 주입식 교육은 적게 하고, 새로운 교육과정에 따라 변화하는 시대이다.

학교는 학생들의 미래 진로를 위하여 빠르게 변해야 하는 곳이다. 교사도 변화하고 교육내용도 변화해야 한다.

학교 변화는 교사에게 달렸다. 늘 연구하고 배우는 교사야말로 21세기 학생을 가르치는 스마트한 교사다.

교실 공간이 변화하려면 국가의 책임이 크다. 교육 환경 개선 사업을 하고 있지만 매우 더딘 상황이다. 학교의 교육 환경은 학부모, 학생, 교사들 이야기에 귀 기울이고 적극적으로 지원해야 한다. 의무 교육이 공정하고 공평하게 되길 바란다.

　수업 시간에 기초학력은 매우 중요하다.

　기초학력이 하루아침에 달성되지 않는다. 거목처럼 오랜 시간을 거쳐서 자라나는 것이다. '세 살 버릇 여든까지 간다'는 속담이 있다. 가정에서 어려서부터 꾸준하게 규칙적인 학습 습관이 형성되어야 한다. 그러려면 독서도 해야 하고 생활 습관도 잘 지켜야 한다. 기초학력이 그렇다. 나중에 커서 도전정신으로 도전하면 성취할 수 도 있다. 다만 꾸준한 노력이 더욱 필요하다.

　독서는 기초학력을 다지는데 기본이다.

　독서는 중요하다. 이유는 글을 읽어야 지식이 습득되기 때문이다. 요즘은 영상을 활용한 교육도 하지만 기초학력은 천천히 또박또박 익히는 게 좋다. 실력은 절대 배신하지 않는다. 가장 중요한 것은 스스로가 독서에 취미를 붙여야 한다는 것이다. 책을 읽지 않은 사람들도 독서가 중요하다는 것을 알고 있다.

다만 실천에 옮기지 못하는 이유는 제각각일 것이다.

요즘 책을 읽어 주는 앱도 있다. 이 또한 안 읽는 것보다는 효과가 있겠다. 글은 지식의 기본이요, 판단 능력을 향상시켜 준다.

독서 명언이다.

빌 게이츠는 "오늘의 나를 있게 한 것은 우리 마을의 도서관이었다. 하버드 졸업자보다도 소중한 것이 독서 하는 습관이다."라고 말했다. 책은 지식을 쌓는 출발점이다. 책을 읽는 습관은 지혜로운 삶을 사는 동력이다. 책을 많이 읽는 자는 마음의 양식이 풍부한 지도자가 된다. 리더(Leader)는 책을 읽는자(Reader)이다.

두보 시인은 "남아수독오거서(男兒須讀五車書)"라는 시로 독서의 중요성을 표현했다. 다섯 수레에 실을 만큼의 책을 읽어야 한다는 뜻으로 다독(多讀)을 권장하는 말이다. 책 속에는 길이 있다. 지식을 쌓는 지름길을 가는 것이다. 과거나 현재나 미래나 책을 많이 읽고 옳게 판단하는 것은 중요한 사실이다.

베이컨은 "독서는 완성된 사람을, 담론은 재치 있는 사람을, 필기는 정확한 사람을 만든다."라고 말했다. 독서와 글쓰기는 인생의 삶에서 중요하다는 것이다.

교육 선진국은 '3R'을 기본으로 강조했다. 독서(Reading), 글쓰기(Writing), 연산(Arithmetic)이다.

4차 산업 혁명 시대에 필요한 미래에 적합한 인재의 미래 핵심역량으로 4C를 제시했다. 4C는 비판적 사고역량(Critical Thinking), 의사소통역량(Communication), 협업하는 역량(Collaboration), 창의적 역량(Creativity)를 중요하게 강조하였다. 오늘날은 컴퓨팅사고력(Computational thinking)과 융합역량(Convergence)을 추가로 필요로 한다.

미래 역량 4C를 키우는 요령이 되는 방법은 무엇일까?

수업 시간 협동학습이다. PBL 수업을 권장한다. 핵심역량을 함양시키려면 교과 역량을 함양시켜야 한다. 교과 역량은 학습 목표를 달성하는 것이다, 교과의 학습 목표는 실력이 되는 것이다. 수업 시간이 미래 인재가 시작되는 출발점이다.

수업 시간은 4C 역량을 키우는 시간이다.

수업 방법을 변화시키고 평가 방법을 개선하길 기대한다. 암기 위주의 교육도 필요하다. 이제 수업 시간에 과정 중심 수행 평가의 확대를 하여 관찰하는 평가를 하는 시기이다. 수업 시간 과정을 제대로 관찰평가 해야 집중과 협력을 잘한다.

4C역량과 융합역량을 키우려면 어떻게 교육해야 할까?

교사의 역할은 더욱 강화되고 있다.

교사는 역할은 무엇일까?

교육기본법 제14조(교원)를 살펴보자.

② 교원은 교육자로서 갖추어야 할 품성과 자질을 향상시
   키기 위하여 노력하여야 한다.
③ 교원은 교육자로서 지녀야 할 윤리의식을 확립하고,
   이를 바탕으로 학생에게 학습윤리를 지도하고 지식을
   습득하게 하며, 학생 개개인의 적성을 계발할 수 있도록
   노력하여야 한다.

교육기본법에 나와 있는 교사의 역할이다.

교사는 교육자로서 갖추어야 할 품성과 자질을 향상시키기 위하여 노력하여야 한다. 윤리의식을 확립하고, 학습윤리를 지도하고 지식을 습득하게 하며, 학생 개개인의 적성을 계발할 수 있도록 노력하는 자이다.

좋은 수업 방법은 없을까?

수업은 언제나 힘들다. 그래서 늘 수업을 고민해야 한다.

수업 시간 즐겁게 지내는 교실 상황을 상상한다. 행복하게 지내기 위한 방법을 찾아야 한다. 수업 계획을 세우고 시간을 투자하며 수업을 설계하면 좋은 아이디어가 나온다. 주변 교사에게 묻고 좋은 연수를 받아보며 연구하며 지낸다.

좋은 수업이란 준비하는 것이다.

좋은 수업은 나를 사랑하고, 학생을 사랑하고 나다운 수업을 하는 것이다. 배우고 가르치는 게 교사의 삶이다. 학교 수업 시간에 지식과 역량을 함양하며 진로를 선택하고 꿈을 실현하는 방법을 제공하고 안내하는 게 좋은 수업이다. 교사는 좋은 수업을 위해 꾸준히 자기 연찬을 해야 한다. 품성과 자질, 역량을 갖추어야 한다.

교실에서 수업 시간에 잠자는 학생을 자주 볼 수 있다. 피곤하고 졸려서 자는 것은 이해한다. 다만 이유 없이 듣기 싫고, 수업 시간 잠자는 교실은 문제가 많다. 초·중·고등학생들은 수업 중 딴짓 즉 떠들거나 교사의 설명에 집중하지 않거나 장난을 치고 있다.

어떻게 하지?

학생은 미래 희망이다.

이러한 상황이 일상은 아니더라도 문제는 있다. 미래를 기대할 수 없다. 교실의 무기력한 모습은 학생과 소통하여 잘 해결해야 한다. 교육하기 힘들다고 한다. 이럴 때일수록 교원은 높은 품성과 자질을 더욱 갖추어야 한다.

높은 품성과 자질을 갖추어야 할 이유가 무엇일까?

이유가 무엇일까?

교육기본법 제12조(학습자)의 준수사항이 제시되어 있다.

③ 학생은 학습자로서의 윤리의식을 확립하고, 학교의
   규칙을 준수하여야 하며, 교원의 교육·연구활동을
   방해하거나 학내의 질서를 문란하게 하여서는 아니 된다.

교육기본법에 학생의 자세와 태도가 제대로 규정했다. 학생은 지켜야 할 규칙이 있다. 이를 지키면 좋으련만 그렇지 않다.

교사는 교육활동 방해하는 행동에 말로 대처한다. 수업 중 문제가 발생해도 말뿐이다. 말을 안 들으면 그저 답답하다.

교사에게 문제가 있는지, 학생에게 문제가 있는지 이유는 분명히 존재한다. 수업 시간 바로 잡지 않으면 교사의 미래가 걱정된다. 학생의 미래는 더더욱 걱정이다. 대한민국의 미래는 정말 걱정이다. 매우 안타까운 현실이다.

교사의 교육권 보장이 반드시 필요하다.

6. 인성교육 언제하나

인성 교육은 수업시간에 하면 좋다.

우리나라는 인성교육법을 세계 최초로 정하여 시행하고 있는 국가이다.

과거나 현재나 예(禮)는 중요하며 미래는 인성이 실력이다.

예의 가치는 소중하다. 예의 근본을 강조한다.

인성교육은 사람이 되기 위해서는 배워야 하는 교육이다. 사람다운 사람이 되기 위해서, 정직하고 성실하게 평생 맡은 자리에서 평생 최선을 다하는 것이다.

과거 학교 현장에서는 인성교육과 생활교육을 철저하게 가르쳤다. 지금의 학교에선 가르칠 지식 내용은 증가하고 있는데 수업 시수는 줄어들어 인성교육 내용도 축소되고 있다. 인성이 실력이 되는 시대에 인성교육은 확대해야 한다.

공자는 "예가 아니면 보지 말고, 예가 아니면 듣지 말고, 예가 아니면 행하지 말라."라고 했다. 요즈음 예절을 배우려고 하지 않는 학생들이 너무 많아지고 있어서 안타깝다. 학생에 대한 신뢰가 무너지는 지점이 이 부분이다. 인성교육은 오랜기간 이루어져야 하는 근본이 되는 교육이다. 예절과 규칙은 교육의 기본이고 근본이다.

남녀 경제활동이 활발한 시대에 요즘 가정의 역할은 줄어들고 학교의 역할은 나날이 증가하고 있다. 학교는 교육과 보육을 함께 하는 장소가 되었다. 교사들의 업무는 점점 증가하고 있다. 학생 수라도 적다면 좋겠지만 대도시는 학급당 인원이 30명이 넘는다. 요즘 30명은 과거의 학생 60명 이상에 해당되는 수치이다.

과거에는 학생 통제와 관리가 잘 되었지만, 최근에는 교권이 무너지고 있어 학생 수가 많으면 맞춤형 교육이 힘들다. 학생들을 제대로 '통제와 관리를 못 한다'라고 할 수 있다. 요즘 학생들 교사의 말을 듣지 않는다. 신 인류이다.

아침 등교한 교실 풍경은 핸드폰 사용만 하고 있다. 남학생은 게임 위주이고 여학생들은 댄스 음악, 만화, 유튜브 영상보기가 대부분이다. 몸은 학교에 있고 마음은 다른 공간에 있다.

몸과 마음이 함께하는 학교, 교사는 학생과 하나가 되어 기본을 잘 지키는 교실을 희망한다.

요즘 학생들 예절이 없다고들 걱정을 많이 한다. 교육 현장에서 터져 나오는 교사의 불만은 위험 수위를 넘어섰다. 학생들의 불만도 있다. 일반적인 학교의 자연스러운 현상이다.

학교는 기본적인 학교생활 교육의 규칙과 질서가 필요하다.

교사는 수업 시간에 예(禮)를 지키도록 강조하고 최소한의 규칙을 지키도록 한다. 바른 자세로 수업에 임하기를 기대한다.

학생들도 공부를 열심히 할 수 있는 여건이 필요하다. 학생 본인이 잘하거나 잘못한 부분을 구분할 줄 알도록 가르쳐야 한다. 잘못하면 충분히 반성하는 교육 프로그램이 마련되어야 한다. 이것은 학교의 교육력 출발점이다.

학교는 교사와 학생 상호간 신뢰가 필요하다.

학교는 각자도생이다.

예절이 없는 학생이 있어도 수업하거나 참아내는 경우가 너무나 많다. 일부 교사는 과도한 훈계로 아동학대 인권침해로 고소당하기도 한다.

예절은 서로 모범을 보이는 것이다.

학교에서 예절 교육할 방법이 말이다. 앞으로는 실천하는 예절 교육을 강화해야 할 것이다. 국가는 사회에서 필요한 준법을 강조해야 한다. 방송에서는 예절과 올바른 규칙 준수하는 홍보가 필요하다. 이는 나를 위한 일이요, 너를 위한 일이며, 우리를 가치 있게 만드는 위대한 일이다.

21세기 살아가는 우리는 홍익인간을 다시 생각하고 재해석하는 시대정신이 필요하다.

기본 교육 어떻게 할까?

우리나라의 미래는 지금 가치관의 선택에 달려있다.

우리나라에 '콩 심은 데 콩 나고 팥 심은 데 팥 난다'라는 속담이 있다. 당연한 이야기이다. 의미하는 바는 '노력'이다.

성경의 "심은 대로 거두리라"의 의미도 비슷하다. 모든 일은 거기에 걸맞은 결과를 얻는다는 의미다. 어떤 결과에는 반드시 그 원인이 있다는 것이다.

예를 들어 어떤 대회에서 1등을 하면 1등이라는 결과를 얻기 위해선 그만한 노력을 했다는 것이다. 결과에 맞는 원인이 있는 뜻이다. 끊임없는 노력과 도전하는 끈기를 강조한다.

우리나라는 인성교육진흥법은 2014년 법 제정한 세계 최초로 인성교육진흥법을 만들었다.

이 법은 "제1조에 목적으로 「대한민국헌법」에 따른 인간으로서의 존엄과 가치를 보장하고 「교육기본법」에 따른 교육이념을 바탕으로 건전하고 올바른 인성(人性)을 갖춘 국민을 육성하여 국가사회의 발전에 이바지함을 목적으로 한다."라고 되어 있다. 교육의 근본으로 인성 함양의 중요성을 강조하고 있다.

인성교육은 책으로 하는 게 아니라 올바르게 행동하고 실천하는 것이다.

"윗물이 맑아야 아랫물이 맑다"라는 말이 있다.

부모가 모범을 보여야 자식도 효자 노릇을 하게 된다는 의미다. 직장에서는 윗사람이 잘해야 아랫사람도 잘하게 된다는 뜻이다. 학교 교육에서는 학생들이 가치 있는 것을 배울 수 있도록 노력해야 한다. 기본이 바로 서는 교육을 제대로 하길 바란다.

기본을 잘 지키는 공부가 최고의 학력(學力)이다.

우리의 삶은 자기 자신을 사랑하고 다른 사람과 더불어 즐기는 공동체이다. 수업 시간에 지식과 기능, 태도를 적절하게 안배하여 가르치는 게 균형 잡힌 홍익인간 교육이다.

'홍익인간(弘益人間)'이라는 위대한 교육적 가치를 학교 현장에서 이루어 갈 수 있기를 기대한다.

학생은 무엇을 원하는가?

2022년 개정 교육과정을 위해 국가교육회의가 수렴한 온라인 설문조사 결과이다. 국민들은 지금보다 강화해야 할 교육 1순위로 '인성교육'을 꼽았다. 이처럼 인성교육에 대한 요구가 높아지고 있지만 학교 현장에서는 걱정이다.

인성은 가치가 큰 진정한 실력이다.

칭찬은 누구나 다 좋아한다.

칭찬은 고래도 춤추게 한다는 데 사람이야 오죽 하겠는가.

학생 누구나 칭찬 해주 길 바라고 있을지도 모른다. 수업 시간 학생들의 칭찬은 구체적으로 해야 한다.

교사는 칭찬의 수준을 좀 낮추어 학생을 자주 칭찬해야 수업 분위기도 좋고, 본인도 즐거운 수업 시간이 된다.

학생의 대답에 생각을 끌어낼 수 있는 칭찬, 학습 활동 중 수행한 사실을 인정하는 칭찬, 교실 순회하면서 학생 작품에 대한 칭찬, 이 외에도 칭찬할 일이 있으면 구체적으로 자주 한다.

칭찬은 사람의 능력을 발휘할 수 있는 길잡이다.
칭찬과 격려는 교사가 가진 최고의 무기이다.

교사의 칭찬
학생에게 인생의 나침반이 되어 주는 삶이 된다.

교사의 행복이다

시작 종 칠 때
들어갈 교실이 있다는 게

수업할 때
의미와 가치를 나누는 게

함께할 때
즐거움과 만족이 느껴지는 게

마치는 종 칠 때
아쉬움에 즐거움이 교차하는 게

교실 나올 때
보람과 만족을 느끼는 게

늘 반복하는 게
교사의 행복이다.

7. 교사는 수업전문가다

교사는 수업전문가이다.

교사는 수업을 매일 한다.

교사는 수업전문가이다. 평가전문가이며, 학생과 상담하는 상담 전문가이다. 교육을 실천하는 교육실천가이다.

교사는 수업전문가로 교과의 년간 운영 계획을 세우고 시작한다. 교사는 계획이 다 있다.

교육과정에 따라 수업하고, 평가하고 학생부를 기록한다. 수업 시간 관찰한 사항과 평소 생활 태도를 관찰하고 학교 생활을 잘하도록 칭찬과 격려를 한다. 수업 시간에 성취기준을 가르치는 게 수업 시간이다. 교과별 전문영역에 따라 특색있게 수업을 준비하고 실천한다.

교사는 교과 교육과정을 디자인하여 실행하고 학생들에게 피드백 주며 가르치는 수업전문가다.

교육과정의 운영 계획을 신학기 시작되기 전 2월에 모든 준비를 다 한다. 교과 내용을 살펴보고 단원별, 주제, 활동 수업, 영역 통합하는 방식 등 각자 특색있게 수업을 계획한다.

요즘 학생들은 웬만한 지식은 인터넷, 유튜브, 궁금하면 검색하면 다 나온다. 사람에게 질문해서 해결하지 않아도 되는 세상이 되었다. 디지털 지식정보화 사회가 되었기 때문이다. 교사의 권위가 약해지고 있다고 한다. 어느 명문 대학 총장은 졸업식장에서 인공지능(AI) 챗봇인 'ChatGPT'활용한 인사말을 전하기도 했다. 사회가 급속하게 기계에 의존하는 시대로 변하고 있다. 교육분야에 큰 파도가 몰려오는 상황이다.

교사 권위가 사라지는 이유는 무엇일까?

성취기준을 재구성하는 방법은 무엇일까?

'MZ세대' 교사의 특성이다. '개인주의 성향이 다소 높고 공동체 의식은 낮은 것으로 확인됐다. 자기 계발하는 것을 더 중요하게 생각한다. MZ세대 교사는 이전 세대보다 원격 수업 역량 수준이 높은 것으로 확인됐다.' 교총 설문조사의 결과이다.

교사는 수업하는 교육실천가이다.

교육을 이론적으로 연구하는 연구가는 아니다. 연구하고 가르치는 교사도 많다. 교사는 많다는데 스승은 많지 않다고 들 한다. 최근 교사들은 실력 있는 교사 되기 위해 부단한 노력을 하고 있다. 4차 산업혁명 디지털시대에 교사는 스승이 되기 위해 최선을 다하고 있다.

학교에는 부장 교사가 있다. 학교에서 부서의 업무를 수행한다. 1급 정교사 되고 수년간 교직 생활을 해야 맡기는 게 일반적인데 최근엔 수당은 적고 일만 많다는 이유로 다들 기피하고 있다. 학기 초가 되면 부장 조직하는데 아우성이다. 관리자가 이리 뛰고 저리 뛰고 부탁해야 겨우 조직이된다. 학교마다 사정은 조금씩 다르겠지만 예전과는 분위기가 반전되었다.

학생 생활지도가 어려워지고 있다. 교사들도 교권 침해에 고소나 고발 대상까지 되다 보니 교권 보호 장치를 마련하도록 교원단체에 요구한다. 교사 고충 문제 해결의 출발점이다.

교사의 가장 큰 어려움은 문제학생 생활지도이다. 학부모 민원으로 수업에 지장을 받기도 한다. 교육을 실천하는 교사는 매일 변화무쌍한 상황에 대처해야 한다. 그래서 정신적으로 힘들다.

교실에는 수업을 원하는 학생, 수업하기 싫은 학생이 모두 모여 있다. 중고등학교는 시험을 본다. 성적이 다양하듯이 이들의 성향도 다양하다. 다양한 학생들의 능력을 객관적으로 판단해야 한다. 물론 대기만성 학생도 있다.

어느 부대의 구호처럼 '안되면 되게하라'. '포기하지 말라' '나는 할 수 있다' 다짐하지만 힘들 때가 많다.

교사도 일반인이고 사회인이다. 교사도 평범한 일상을 누리고 싶다. 가르치는 일에 긍지와 자부심, 보람과 만족을 하며 지내고 있는 교사도 많다.

나의 교직관은 무엇인가?
교육철학은 무엇인가?

학생은 수업시간 핵심역량을 함양하는 것이다. 자기관리 역량 및 공동체 역량 등을 함양하는 것이다. 교사는 스스로 연구하며 각자도생이다. 교사는 전문적인 자질과 소양을 함양하려고 노력한다. 교사는 선구자이다. 교직은 성스러운 직업으로 인식한 성직관이다.

교사는 사회의 엘리트이다. 모범적인 행동을 하여야 한다. 교육공무원의 삶의 자세이다. 교사는 가르치는 교과에 대한 전문 지식과 지혜를 가지며 사랑과 열정으로 학생을 교육한다.

교사로서의 갖추어야 할 기본 소양은 무엇일까?

교사는 학생을 사랑하고 학생 개개인을 잘 이해해야 한다. 학생의 자질과 능력을 꾸준히 향상시킨다. 학생들과 토론하고 대화하는 과정을 거쳐 올바른 인성을 지닌 민주시민으로 성장할 수 있도록 관계 맺기도 잘해야 한다.

학생을 사랑하고 올바른 길로 인도하며 타인을 존중하는 게 교사다. 수업 시간에는 서로 대화를 하며 참여하는 것이다.

교사는 교직에 대한 긍지와 보람을 가져야 행복하게 지낼 수 있다. 스스로 자부심도 생기며 만족을 얻게 된다.

교사자격증 면허증이 아니다.

전문자격증이다. 이 자격증을 취득하려면 상당한 시간이 걸리며 취득하려는 대학에 입학하기 매우 어렵다. 자격 취득의 조건과 과정을 이수하였으니 취득한 것이다.

전문자격증은 인정받지만, 전문가로 대접하지 않는다. 자부심을 가지며 당당하게 수업전문가로 지낸다.

수업전문가로 인정받고 존중받으려면 꾸준한 노력을 평생해야 한다.

누가 교사를 전문가로 인정하는가?

교사는 학생을 관찰하고 살펴보는 삶이다,

수업시간 학생이 잘하는 분야 제대로 찾아주는 교사가 훌륭한 교사다. 무엇을 좋아하는지 알아주고 지지하고 격려하는 게 의무이다.

하루 하루가 고되고 힘들게 사실이다.

누가 알아주지 않아도 학생을 제대로 파악하는 게 교사다. 장점을 찾아서 성장시키는 극한직업의 힘든 삶이다.

보람과 만족은 시간이 지나면 반드시 생긴다.

교사의 전문성은 이런 것이다.

자세히 관찰해야 제대로 보인다.

교사는 평생학습자이며 선구자이다.

교사가 행복해야 학생이 행복하다.

교사가 건강해야 학생이 건강하게 성장한다.

일과 개인의 균형있는 삶을 '워라밸'이라하고 정신적, 육체적인 건강의 조화를 통해 윤택한 삶을 참사리라고 한다.

워라밸은 웰빙의 시작이다.

숲속 화실은 건강과 예술의 콜라보이고 워라밸이고 참사
리이다.

숲속에서 그림 그리기, 일명 '숲속 화실'이라고 한다.
숲속 화실은 일정한 장소가 정해진 것이 아니라 산과 들,
계곡, 바닷가를 산책하다가 경치가 좋은 곳에서 그림을 그리
는 것이다.

지금도 나는 참사리를 실천하고 있다.

교사와 학생이 숲속의 화실에서 워라밸, 참사리를 하여
행복하고 건강한 학교생활을 했으면 한다.

진심경 4

8. 수업은 아무나 하나?

수업 은 누가 하나?

요즘 학교는 수업하는 교사만 있는 게 아니다

학교 교육과정에 따라, 외부강사 특강, 창의적 체험활동 강사, 방과후 활동 강사, 금융교육 강사, 진로교육 강사, 코딩교육 강사등 외 많다. 외부 강사 중에는 유능한 분들도 많이 있다.

외부 강사들이 학교에 와서 수업한다. 다만 그들 수업을 '잘한다, 못한다'를 평가하는 것은 아니다. 학생에겐 낯선 교사인데 주어진 시간 최선을 다해 수업하고 마치면 임무 끝이다. 학생들은 이분들한테 관심과 감동받을 때도 있다. 그리고 강사는 수당 받은 만큼 철저히 준비한다.

요즘 학생들은 외부 강사에게 수업을 듣는 기회가 많다.

강사한테 관심이 많다. 평소에 접하지 않는 새로운 학습 내용이기 때문이다. 시험은 보지 않는다. 식사로 비유하자면 늘 집밥이 아니라 외식이나 마찬가지이다. 외식 한마디로 기대된다. 일정한 비용이 들며, 매일 행사는 아니다.

학생들 대부분은 집중을 잘한다. 강의 성격에 따라 때로는 수업 내용을 미리 점검할 사항도 아니고 무엇을 어떻게 가르치는지 수업계획서도 받지 않는다. 그저 정해진 시간에 와서 수업할 뿐이다.

내가 잘 못 본 것일 수도 있다. 지금은 학교 강사 선발과 교육과정 상황이 많이 변하여 철저하게 확인하는 학교도 있다.

이들에게 들어 갈 비용을 교사에게 주고 준비하고 노력하라면 누가 안 할까? 물론 전문적인 분야는 외부 강사를 초빙해야 한다. 외부 강사는 학생들에게 새로운 동기를 부여할 기회다.

우리나라가 교사에겐 교과서만 주고 다른 충분한 예산을 주지 않는다. 외부 기관에서 공모하여 지원 받는 경우가 많다.

학생에게 가장 중요한 수업인 만큼, 전공한 교사가 전공 수업을 하면 좋지만, 인원이 적은 학생이 있는 지역은 상치 교사로 가르칠 수 밖에 없다. 수 십년간 늘 그럴 수밖에 없다. 문제는 대도시도 마찬가지이다.

일부 교과는 전문 교사 부족하여 학교는 기간제 시간제 교사를 외부에서 구해야 한다. 해결을 위한 정책 마련이 시급하다.

학교 현장에서 기간제 교사를 구하지 못하는 현상도 벌어진다. 학교는 연중 교사 모집 중인 학교가 많다. 초·중·고등학교에 상당수 교사는 기간제이다.

통계를 보면 매년 증가하고 있다. 일부 지방에서는 기간제 교사 구하기도 힘들다고 하소연한다. 채용한다고 다가 아니고 출퇴근과 환경이 오지여서 그만두는 경우도 많다고 한다. 교사의 입장은 그만두면 괜찮다고 할 수도 있다. 학생은 교사와 원만한 관계에 문제가 생기게 된다.

학생과 관계를 제대로 맺는 소통하는 방법은 무엇일까?

'메라이언 법칙'이다.

메라비언 법칙'이란 캘리포니아대학교 심리학과 명예교수인 앨버트 메라비언이 발표한 이론이다. '상대방에 대한 인상이나 호감을 결정하는 데 있어서 목소리는 38%, 보디랭귀지는 55%의 영향을 미치는 반면, 말하는 내용은 겨우 7%만 작용한다고 한다.

소통은 어휘, 목소리 톤, 신체 언어 3요소로 이루어지는데, 상대에게서 받는 인상에서 메시지 내용이 차지하는 것은 7%뿐이고, 38%는 음색·어조·목소리 등의 청각 정보, 55%는 눈빛·표정·몸짓 등 시각 정보라고 했다. 내용보다 시청각 정보가 소통에서 중요함을 일깨운다. 비언어적요소가 93%를 차지한다.

비언어적요소란 말 언어 표현을 제외한 행동이나 표정, 목소리 등을 말한다. 시선 처리, 표정, 손동작, 신체 언어, 거리 유지 등이 포함된다. 언어적 요소란, 의사소통을 위하여 사용되는 말, 언어를 포함하는 요소이다.

소통을 잘하는 사람들은 인간관계가 좋다고 한다. 이유는, 긍정적인 표정과 눈빛, 누구와도 소통을 잘한다. 교사는 평생 배우고 익혀서 가르치는 삶이다. 교사는 전문성을 향상해야 교육의 질이 향상되기 때문이다.

교사는 다양한 연수 프로그램을 이수해야 할 필요성이 있다.

전공 외에 변화하는 사회의 중심이 돼야 한다. 임용된 교사의 전문성 증진을 위한 예산을 증액하여 다양한 연수 기회 확대하고 기회를 주어야 한다. 학생 교육 관련 다양한 연수가 개발되고 제공해야 교사는 전문성도 인정받고 능력을 인정받게 된다.

공부는 교사나 학생이 꾸준히 해야 능력이 향상된다.

담임교사의 역할은 업무도 많고 탈도 많다. 초등과 중등에는 차이가 크다. 교육과 보육을 함께 하는 삶이다.

교과 내용만 가르치는 것이 아니라 학생들의 교우관계와 학습 수준을 파악하여 교육한다. 올바른 태도의 함양도 가르친다. 과거보다 학부모와 학생들의 교권 침해 사례가 늘고 있다. 법적 책임을 지는 경우도 늘어 상담 전문가가 되어야 한다.

약은 약사에게, 진료는 의사에게 광고가 생각난다.

수업하는 교사는 교과 전문가이고, 상담 전문가이다.

Teacher

**Teacher
of student
by student
for student**

**Facilitator
Mentor
Leader
Server
Tipper
Helper
Giver
Lover**

9. 가르치GO 배우GO

수업의 가치는 가르침과 배움이다.

공부는 평생하는 업(業)이다.

태어나면서 조금씩 평생 배우는 것이다. 학교도 마찬가지이다. 교육은 전 생애 기간의 공부하는 삶이다. 삶이 교육이다.

배움이란 무엇인가?

가르침이란 무엇인가?

나는 무엇을 가르쳐야 하나?

나에게 가치 있는 삶이란 무엇인가?

삶의 가치와 사는 방법은 다 다르고 다양하다.

인간다운 삶을 사는 방법이 무엇인지 잘 모른다.

사람들은 자신의 삶을 행복하게 유지하고, 사회에 기여하고, 자아 실현하는 삶을 유지하며 지내고 있다. 지속하면서 지내려면 평생 배워야 한다.

배움에는 끝이 없다.

학교 졸업 후에도 자신을 업그레이드하기 위한 수단이다. 요람에서 무덤까지 전 생애에 걸친 교육이 '평생교육'이다. 평생교육이란 말 그대로 평생에 걸쳐서 행하여지는 교육을 의미한다.

'요람에서 무덤까지'란 말의 의미는 국가가 국민에게 최소한의 사회 복지를 제공한다는 뜻을 의미한다. 국민 각자의 생애 모든 기간 출생에서 사망에 이르기까지 건강과 복지를 책임지겠다는 의미로 사용된다. 복지는 국민으로서 누구나 누려야 할 권리이다. 특히 학습은 인간의 삶이고 업이다.

고령화 시대이다.
길어지는 수명으로 이제는 누구에게도 예외는 아니다. 평생교육은 평생학습이다.

속담에 '티끌 모아 태산'이라는 표현이 있다. 먼지처럼 작은 것이라도 계속해서 모으면 산처럼 커진다 의미이다. 작은 행동 하나하나가 모여서 큰 변화의 물결이 되는 것으로도 해석된다. 모으는 것, 쌓는 것은 일단 시작하는 것이 중요하다.

시작이 반이다.

배우고 익히는 학습에 그대로 적용되는 표현이다. 학습의 시작이 중요하다는 것이다. 일단 시작하면 일을 끝마치기는 그리 어렵지 않다는 뜻이다. 그러나 어떤 일은 시작하는 일 자체도 어렵다는 걸 의미한다. 새로운 시작은 작은 용기가 필요하다.

가르친다는 것은 스스로 공부할 수 있는 능력을 키워주는 것이다. 자립하도록 키우는 게 교육이다.

'천리길도 한 걸음부터'라는 표현도 있다.

조그만 노력으로부터 시작하여 큰일을 할 수 있을 때 쓰이는 말이다. 공부는 꾸준히 해야 실력이 향상된다. 재미가 있으면 좋으련만 그러하지 못한 경우도 많다.

인내심을 가지고 꾸준히 해야 내공이 쌓인다. 노력 없이 공부 잘하기를 바라는 마음을 버리고 한 걸음 한 걸음 끊임없이 노력해야 한다.

지식은 가르치는 사람과 책을 통해 얻는 경우가 많다.

책을 많이 읽은 사람과 그렇지 않은 사람은 지식의 차이가 날 수밖에 없다. 신문, 잡지, 만화 등 문자는 보면 볼수록 세상을 이해하는 데 도움을 준다. 이해력과 사고력이 발달 된다.

요즘 핸드폰으로 빠르게 읽으니 깊이 생각하는 사색의 여유가 없어지는 경우가 많다.

세상의 변화에 적응하는 가장 좋은 방법은 무엇일까?

공부하는 습관이 있어야 한다. 책을 읽는 것이다. 책 속에 길이 있다. 사람은 책을 만들지만, 책은 사람을 만든다. 책에서 지식이 얻고 세상을 지혜롭게 사는 방법을 안다. 인생을 지혜롭게 사는 것은 평생학습을 해야 한다는 사실이다.

학습은 요람에서 무덤까지이다.

취미나 특기 중 운동, 게임, 춤, 노래, 음식 만드는 일, 모두 마찬가지이다.

변화무쌍한 세상이다.

이 세상의 지식과 정보는 강물처럼 흘러간다.

시대에 따라 지식과 정보의 가치는 다르다. 예전의 지식과 기술은 현재 크게 통용되지 않는 경우도 많다. 새로운 내용을 배우고 또 익혀야 한다. 변화에 적응하는 길은 평생 배움이다.

이제는 학교가 진학 중심에서 진로 중심으로 학생을 교육해야 한다. 인간 중심 교육으로 자기 자신을 이해하고 진로 정보를 탐색하는 시간이다. 학생(學生)의 뜻을 제대로 알려준다.

미래를 위한 준비하는 게 수업 시간이다.

수업 시간의 가치는 무엇인가?

수업 시간에 과거를 이해하고 현재를 직시하고 미래를 준비하는 시간이 되길 기대한다.

10. 하이터치 하이테크 시대이다

미래수업 은 하이터치 하이테크이다.

디지털 인공지능 시대이다. 인공지능(AI) 로봇이 등장했다

오늘날을 다른 분야에서 불리는 단어로 표현하면 '하이테크 하이터치(High Tech High Touch)'시대라고 한다.

하이테크(HighTech)를 활용하여 하이터치(HighTouch) 학습으로 학습목표를 달성하는 것이라고 한다. 이는 수업시간에 기술을 활용하는 것으로 알려지고 있다.

교육을 이끌어 갈 교사는 수업전문가이다. 핵심역량과 교과 역량을 키워주는 전문가다. 교직은 사회적으로 인정받고 존경받는 직업이다. 동시에 사명감과 책임감이 필요한 직업이다.

교사는 자부심으로 자랑스러워할 일이다.

존중하고 인정받는 교사가 된다면 얼마나 멋진 일인가?

과거 교사 직업은 명예, 선망, 부러움의 대상일 때도 있었다. 지금은 많이 변화하고 있다. MZ세대 사이에서 교사는 '극한직업'이란 인식이 퍼지고 있다. 현재 교사는 전문성 역량 강화 연수로 공부하고 배워서 남 주려고 노력하고 있다. 극히 일부는 잘 못 된 교육으로 인정받고 존중받기는커녕 비판받기도 한다. 교사에겐 행정업무 경감하고 교육과정과 수업 운영에 전념할 수 있는 분위기를 확산이 필요하다.

교육부에서 추진한 2015년 개정 교육과정 내용이다.

창의융합형 인재양성을 목적으로 출발했다. 창의융합형 인재 의미는, '인문학적 상상력, 과학기술 창조력을 갖추고 바른 인성을 겸비하여 새로운 지식을 창조하고 다양한 지식을 융합하여 새로운 가치를 창출할 수 있는 사람'이라고 한다. 이를 구현하기 위해 추구하는 인간상과 창의융합형 인재가 갖추어야 할 6가지 핵심역량은 다음과 같다.

> 자기관리 역량,
> 지식정보처리 역량,
> 창의적 사고 역량,
> 심미적 감성 역량,
> 의사소통 역량,
> 공동체 역량을 제시했다.

교육부는 2022 개정 교육과정의 비전을 '포용성과 창의성을 갖춘 주도적인 사람'으로 설정하였다.

2022개정의 중점 첫 번째 사항은 미래사회가 요구하는 역량함양이 가능한 교육과정을 개발하는 것이고, 두 번째 사항은 학습자의 삶과 성장을 지원하는 맞춤형 교육과정을 설계하는 것으로 되었다. 모두가 함께 성장할 수 있는 교육을 실현하고, 미래에 필요한 역량을 갖춘 자기 주도적인 사람을 기르기 위함이다.

2022 개정 추진 방향은 다음과 같다.

첫째, 학생 개별성장 역량 함량이다.

학생 자신의 진로·적성 및 학습 수준에 맞는 교육을 받을 수 있게 지원하고, 삶에 필요한 역량을 키워주고자 한다.

둘째, 지역과 학교의 자율성 강화이다.

지역과 학교의 교육과정에 대한 자율성을 강화한다. 또한 국민들도 교육과정 개발에 적극 참여할 수 있도록 한다.

셋째, 기초학력 및 배려대상 교육이다.

다양한 배경의 학생들이 모두 함께 잘 배울 수 있도록 교육과정을 개선한다. 그와 함께 불확실한 미래의 변화에 대응하고, 지속 가능한 미래를 만들어가기 위한 교육을 강조한다.

넷째, 디지털 기반 교육 체제이다.

디지털 기술을 활용하여 교수·학습 및 평가 체계를 만들고, 그에 따라 삶과 학습을 연계한 교육환경을 구성한다. [1]

학교급별 과제의 주요 내용과 개선사항 다음과 같다.

초등학교는 학년군별로 연계될 수 있도록 교과 재구조화하고, 학생의 발달 수준을 고려한 놀이 학습 연계 강조, 풍부한 놀이 기회를 제공한다. 학생 맞춤형 교육 제공을 위한 선택활동 수업을 지원한다.

중학교 1학년은 자유학년제 활동에 변화기 필요하다. 전 교과가 아니라 일부만 적용하길 바란다. 선택과 집중학습으로 진로 설계 활동에 도움이 되어야 한다. 학생참여 수업활동에 대한 논술형, PBL, 체험활동 하는 과정중심 평가를 바란다.

고등학교는 진로와 진학을 연계한 교과목 재구조화가 필요하다. 학교 밖 교육경험 및 공동교육과정 운영 등 지역사회와 연계한 교육과정 다양화가 필요하다.

2022 개정 교육과정의 추진 과정이다.

학교급	도입 시기	적용 학년
초	2024년	1,2학년 부터
중	2025년	1학년 부터
고	2025년	1학년 부터

2022개정교육과정에는 인공지능(AI) 기반 교과학습, 가상·증강현실(VR/AR)을 활용한 체험·실습, 고교 공동교육과정, 역량 함양 중심으로 운영될 예정이다. 개정 교육과정의 시행이 곧 다가오고 있으니 준비해야 한다.

교사는 변화하는 시대에 적극적으로 대응하고 있다. 수업 후 연수 받고 공부하여 배우고 가르치는 삶이다. 학교 교육의 질을 높이기 위해선 학급당 학생 수도 20명 수준으로 낮춰서 맞춤형 교육으로 나아갈 필요가 있다. 교사가 소명의식을 가지고 주어진 수업을 잘 수행하도록 여건이 개선되길 기대한다.

교육 분야에 변화가 일어나고 있다.

기술이 발전하고 있다. 기술을 활용하는 에듀테크 시대이다.

디지털기기를 활용하여 수업한다. 디지털 전환을 피할 수 없는 시대적 흐름이다. ChatGPT도 등장하였다.

학교교육에 인공지능(AI) 도입으로 교육효과를 기대할 수 있기 바란다. 다만 적절히 활용되어야 하고 효과에 대해서는 여전히 고민이 된다. 지금은 지식 암기교육에서 경험과 체험 중심의 교육을 실시할 시점이다. 인공지능의 교육적 활용을 기대되지만 문제 풀기 위주로 활용된다면 그게 진정한 미래교육인가?

물론 인공지능이 학생의 단계를 평가하고 심화과정을 제시할 수 있다. 다만 1:1 교사 상담은 사람과 사람이 하는 맞춤형 지도를 해야 할 것이다.

격려하고 인정하고 지지해주는 게 인간관계이다.

인공지능(AI)로봇이 학습평가는 할 수 있다. 다만 어느 정도 격려와 지지하고 인정할지 잘 모른다. 교사의 정성이 요구된다.

교사는 창의성이 발현되도록 도와주며, 인성을 함양시키며 교육해야 한다. 교사의 역할은 변화하고 있다.

하이터치 하이테크 학습이 미래교육의 대안인가?

미래교사는 진로와 코칭 역할이 강조한다. 교사는 티칭에서 코칭으로 변화하는 변환자가 되어야 한다. 뿐만아니라 학생을 도와주는 조력자이다. 퍼실리테이터(facilitator)이다.

수업의 목적이 학습 내용을 기억하고, 이해하고, 적용하여, 분석하고, 종합적인 사고력을 함양하고 창조하는 역할을 기대한다. 본질은 이렇지만 교과 지식 가르치는 교육이 대부분이다. 모두 다 그런 것은 아니다.

에듀테크를 활용하여 맞춤형 교육을 기대한다.

수준별 학습에 인공지능(AI)로봇 보조교사 도입할 시점이 되었다. 에듀테크 도구 활용을 도입할 시점이다.

사교육은 학습 수준별로 선별하여 점수를 높이는데 중점을 둔다. 학교 교육은 사람됨을 가르치고 평가하고 결과를 기록하고 있다.

인공지능 로봇(AI) 보조교사 환경은 어떠한가?
학교에서 현실적으로 가능할까?
교육에서 핸드폰, 컴퓨터, 태블릿 사용 목적이 무엇인가?

에듀테크 기기 활용은 학습의 효율성을 높이는 것이다. 대부분 교사가 에듀테크를 기기를 활용한다. 어떻게 협력 수업에 활용할지 궁리할 뿐이다. 빠르게 변화하는 시대에 대처하는 방법은 적응하고 준비하는 것이다. 함께하는 미션 수행 학습방법이 중요하다. 함께 협력하는 수단으로 이용한다.

하이테크(HighTech)학습과 교사와 학생간 하이터치(HighTouch)가 미래 교육에 새로운 기회가 되길 기대한다.

교사의 삶은 늘 배우고 가르치는 게 일상이다.

에듀테크 기기의 부작용으로 컴퓨터 게임 중독 학생이 많고 스마트폰 사용 중독되는 현상도 증가하고 있다. 중독 전 예방교육과 중독 후 치료 프로그램을 기대한다.

미디어리터러시 교육을 철저히 한다. 제대로 교육한다고 가정 해도 학생의 의지와 관리 감독도 중요하다.

지금 교실에서 수업시간 무엇을 가르치는가?

핸드폰의 편리함에 익숙해지면 습관이 되고, 여러 가지 검색과 SNS 유용함에 쉽게 빠져버린다. 휴식이나 대화하는 시간을 갖거나 몸을 움직이는 학습활동을 한다. 친구와 함께 대화하는 시간을 갖거나, 창작하는 시간을 늘려가면 다소 벗어날 수 있을 것이다.

공부의 의미를 다시 한번 살펴본다.

공부(工夫, study) "학문이나 기술을 배우고 익히는 것"라고 한다. 학문의 발전은 인간의 역사이다. 기술의 발달이다.

4차 산업혁명 시대의 미래사회에 대비하는 게 미래 교육이다. 미래 인재를 양성하는 것이다. 미래 기술은 인공지능 로봇, 가상현실, 증강현실, 자율주행 자동차. 우주 분야 등이 발전할 것으로 희망한다. 문화 분야도 빠르게 발전하고 있다. 예술, 음악, 미술, 게임, 콘텐츠 분야도 전망이 매우 밝을 것으로 기대된다. ChatGPT등장으로 교육이 어떻게 변화하고 대비할지 궁금하다.

미래를 위한 공부는 평생학습이다. 변함이 없다. 우뚝 서는 기회는 공부가 제일이다.

대한민국 미래는 지금의 교육에 좌우된다.

미래 교육은 지금 교실 수업에서 시작된다.

교사는 수업이 생명이다.

진심경 5

2부
수업 전문가 되기

2부
수업 전문가 되기

교사는 수업전문가이고, 수업의 달인이다.

좋은 수업의 개념과
교사의 좋은 수업 방법과 사례를 알아본다.
교사는 수업을 위해 연구하고 공부하는 자이다.
괜찮은 수업의 맛과 멋을 생각해보고,
수업의 정석을 자세하게 알아보고,
미래 교사의 역할을 살펴본다.

1. 수업의 달인 이야기

수업 현장의 달인 현장 이야기다.

미국, 하버드 대학교 교수, 하워드 가드너(Howard Earl
Gardner, 1943~)는 인간의 지능을 제각기 다른 유형
으로 8가지를 제시하고 있다.[2]

1. 언어 지능
2. 논리-수학적 지능
3. 공간 지능
4. 신체-운동적 지능
5. 음악 지능
6. 개인 내 지능(자기성찰지능)
7. 자연주의적 지능
8. 대인관계 지능(인간친화적지능)

교실에는 다양한 유형의 지능을 가진 학생들이 모여 있다.

개인의 다양성이 인정되고 있지만, 학생들은 대체로 대동소이하다. 관심과 취미, 성격, 흥미, 적성 등 외적·내적 성향은 다 다르다. 교사는 이런 것을 살펴 가면서 수업하고 있다. 가르치는 과목에 따라 교실, 교과교실, 기술실, 컴퓨터실, 음악실, 운동장, 미술실 과학실, 강당 등에서 한다. 특별실 수업은 교사의 사전 준비가 필요하다. 교과 교실 등 특별실에서 교사가 미리 수업 준비를 해 놓으면 학생들이 이동하여 곧바로 수업을 할수 있기에 학습 효율성을 높일 수 있다.

수업시간 어떻게 동기를 부여할까?
무엇을 어떻게 가르칠까?
시험문제를 어떻게 출제할까?
학생들에게 자신감을 어떻게 심어줄까?

수업 1시간은 교육하기 위한 짧은 단위의 시간이다.

수업은 교육과정에 의하여 이루어진다. 교사는 늘 교육과정에 따라 수업 계획을 세우고 연구하며 준비한다. 다양한 수업을 많이 해보고, 다른 사람의 수업을 많이 보고, 수업 나눔을 하다 보면 수업의 달인이 된다. 교사는 교과의 전문적인 내용을 가르친다.

학생들의 꿈과 희망이 달성되기를 기대하며 역량을 함양하고자 노력한다. 단지 시험을 위한 수업이 아니라, 더 낳은 삶을 위하여 열심히 가르친다. 교사는 수업전문가이고, 수업실천가이며, 평가전문가이다.

교사는 수업의 달인이다.

현재의 교실 환경은 많은 변화가 일어나고 있다. 학생 수 감소로 인하여 교사 수도 감소하고 있다. 학생들의 집중력 저하는 물론이고, 교사의 지시 불이행하는 학생도 증가하고 있다. 교사는 학생을 제대로 파악하여야 학습의 효율성을 높일 수 있다. 가정환경과 개인의 성향을 올바르게 파악해야 학습지도를 잘 할 수 있는 것이다. 가정에서의 생활 습관도 개선 시킬 수 있다.

의사가 환자를 치료하려면 나이와 신체적 조건과 각종 검사를 해야 환자의 상태를 알 수 있다. 이를 토대로 판단하여 적절한 치료를 하여야 완치율이 높다. 환자와 의사의 상호작용이다.

교사의 상호작용은 어떠한가?

학생들을 제대로 알아야 한다. 개인의 성향과 흥미, 취미, 특기, 가정환경, 신체적, 정신적 환경을 잘 알아야 한다. 모든 학생을 올바르게 파악해야 학습 효율성을 높일 수 있다. 생활지도는 물론 학습 능력을 함양시킬 수 있다.

교사는 과거와 현재도 지식전달자 역할을 하고 있다. 이제부터는 학습을 잘하도록 격려하고 지지하는 촉진자로서 역할을 해야 하는 상담원이고 지지자이다.

학습 능력 향상은 본인의 학습 습관과 노력이 우선이다. 교사의 지지와 격려가 더해지면 배가된다. 학생의 역량함양이 하루아침에 이루어지면 좋으련만 그러하지 않다. 자신의 꾸준한 노력과 지속적인 습관이 매우 중요하다. 어릴 때부터 가정교육이 중요하다.

오늘날 교육환경의 변화 중 높은 비중을 차지하는 게 교권 침해이다. 학생 지도 등에 과거보다 더 큰 어려움을 겪는 교사들이 적지 않은 것으로 알려졌다.

교사들은 이런 사실을 잘 알아야 대처할 수 있다.

고경력 교사는 학생들의 태도에 눈에 거슬리면 한마디 하는데 요즘엔 그렇지도 않다. 그냥 내버려 두는 경향이 많아지고 있다. 대부분 내버려둘 수 밖에 없는 상황이다. 차분하게 말하면 무시하고, 큰소리치고 기합을 주고 훈계를 하면 인권침해란다. 어찌할 도리가 없는 지금의 교실이다. 교실 카오스이다.

참자니 고통이요 두통이 생긴다.

관심 가지자니 멀리 가고, 내버려 두자니 측은지심(惻隱之心)이 쌓인다. 지금 내공을 쌓아가는 과정이다. 어려움이 있더라도 묵묵히 가야 하는 길이 교직의 길이다. 미래의 희망 학생을 포기할 수는 없기 때문이다.

교실마다 학생들의 학습 유형이 모두 다르다.

하워드 가드너의 8가지 유형 검사를 실시해보기를 권장한다. 8가지 지능 검사를 하여 자신의 지능을 알아보도록 한다. 본 테스트 문답은 미국의 심리학자인 하워드 가드너가 제시한 다중지능이론을 기반으로 하여 작성되었다.

> **[다중지능검사 안내이다.]**
>
> 본 테스트 문답은 미국의 심리학자인 하워드 가드너가 제시한 다중지능이론을 기반으로 하여 작성되었습니다. 다중지능을 측정하기 위한 본 검사는 총 56문항이 나옵니다. 각 문항마다 평소에 편하고 습관적으로 하는 것을 체크하시면 됩니다.
>
> https://multiiqtest.com

예를 들면 이렇게 제시된다.

[4]. 손으로 물건을 만들고, 그림을 그리는 것을 좋아한다.
　　□ 매우 그렇다
　　□ 대체로 그렇다
　　□ 보통이다
　　□ 별로 그렇지 않다
　　□ 전혀 그렇지 않다

다중지능 검사 결과는 말해주고 있다.

사람마다 타고난 지능이 다르기 마련이니, 그 지능을 파악하여 능력을 개발해 나가는 것이다.

교육은 좋아하는 분야, 잘하는 분야를 찾는 게임이다.

열심히 하는 게 중요한가? 잘하는 게 중요한가?

잘하는 게 중요하다. 잘하려면 열심히 해야 한다.

좋은 수업 방법이 없을까?

　주변 교사와 함께 연구하고 연수도 받고 공부도 한다. 그래서 교사는 점점 수준 높아지고 있는데 학생들은 과거처럼 공부를 열심히 하는 학생들이 줄어들고 있다. 이미 그들은 다 알고 있다. 지금 해도 안된다고 미리 포기를 한다. 학력의 양극화가 심해지고 있다. 개천에서 용 난다는 이야기는 설득력을 잃어가고 있다. 아쉬운 마음이지만 포기하지 않는 것이 교육이다.

　교육은 희망이다.

　공부는 내가 좋아하는 분야, 잘하는 분야를 찾는 게임이다. 학생들은 게임을 좋아한다. 공부도 마찬가지 게임처럼 좋아하는 학생이 잘하게 된다.

　함께하는 수업 시간은 즐겁다.

　즐거운 수업시간은 행복한 시간이다. 수업하면서 협동과 경쟁을 적절하게 한다. 중요한 것은 행복한 삶을 살아가는 데 자신감과 자존감이 문제이다. '할 수 있다'는 자신감이다. 자신감 있게 학교 생활하면 높이 날 기회가 많아진다.

　학교는 경쟁하는 경우가 많다.

유·초·중·고등학교에서 제일 경쟁이 심한 곳이 고등학교이다. 혹자는 경쟁은 나쁘다고 한다. 그렇지 않다는 것을 알면 교사는 제대로 가르쳐야 한다. 경쟁할 곳은 경쟁하고, 협동할 곳은 협동해야 한다고 가르쳐야 한다.

'무엇을 경쟁해야 하는가?'
'무엇을 협동해야 하는가?' 묻고 싶다.
지금의 사회생활은 어떠한가?

대부분 정글처럼 생활한다. 이 사실을 알지도 못하면서 학교를 다니고 있는 지금의 상황이다. 경쟁은 나를 이기는 것이지만 상대를 이기는 것이기도 하다.

어떤 대회를 참가하면 자신의 수준과 실력과 능력을 평가할 수 있다. 이게 가능한 게 시험이고 대회이다.

노력하지 않고 좋은 성적을 거두기란 하늘의 별 따기이다.

요즘 유치원과 초등학교 외부 경쟁시험은 있는데 학교에선 없다. 그래서 자신의 수준이 어디인지 잘 모른다. 이를 어릴 때 경험하면 대비를 한다. 그렇지만 모두 잘한다고 착각한다.

가르치는 입장에서는 수준이 어느 정도인지 눈에 보인다.

배우는 입장에서는 비교 대상이 없으니 모른다. 이렇게 형성된 자신의 학습수준 파악은 중학교 시기에 판가름 난다. 전과목 시험을 치르고 평가한다. 물론 학년과 교육과정에 따라 다를 수는 있다.

고등학교, 대학교, 성인이 되어서 깨닫고 공부하는 사람도 있다. 공부란 늦춰서도 안 되고 성급해서도 안 되며 죽은 뒤에나 끝나는 것이다. 평생 꾸준히 해 나가야 하는 업이다.

공부해서 남 준다는 말도 있다.

이는 교사의 삶이다.

교사는 부지런히 배우고 익혀서 학생들에게 가르치는 사명을 가지고 지낸다. 자랑스럽고 보람있는 일이다.

더 중요한 것은 소명의식(召命意識)이다.

신규교사의 초심에서 출발하는 업이다. 양심을 가지고 열심히 하면서 합심하는 일이다. 스스로 중심을 잡고 하는 소명의식이다.

교사의 삶은 다람쥐 쳇바퀴 삶이다. 수십년 하면 수업의 달인이 되는 것이다. 교직 생활은 힘든 길이지만 만족과 보람이 함께하는 삶이다.

수업의 달인은 내공이 쌓인 교사다.

2. 수업 다 그렇다

수업 은 보는 눈이 다르다.

교사는 하나라도 더 가르쳐주고자 한다.

학생은 한 문제라도 더 알려고 배우기를 기대한다. 희망 사항이지만 늘 이렇다. 모두가 지금보다는 더 나은 미래를 위해 노력하길 기대하며 열심히 하고 있다.

다만 입장이 다르다는 것이다.

배우는 입장은 적게 배우고 점수를 많이 얻기를 바라고, 가르치는 입장은 열심히 노력 하는 게 좋다고 한다.

수업 시간에 학생들을 만족시킬 수 있을까?

상위권 학생들은 교사의 가르침에 잘 따르지만, 중위권 학생들은 가만히 있고, 하위권 학생들은 딴짓을 많이 한다.
학생들의 책임은 분명히 있다. 학습할 의지가 있는 학생도 있고, 그렇지 않은 학생도 있다. 학생들이 열심히 수업에 참여하지 않는 경우 교사의 자존감에 상처를 준다.

교사의 수업은 생방송이다.
수업 시간은 누구나 공평하게 한 시간 40분, 45분(50분)이 주어져 있다. 그래서 좋은 방법은 수업 시간 중 일부 시간을 여유 있게 구조화하여 학생들끼리 서로 가르치기 방법이다. 학생 참여 활동하려면 수업 시간의 강의와 학습 시간의 재조정이 필요하다. 이를 잘 활용하는 것이 학생이 교사 스타일에 맞추거나, 교사가 학생 스타일에 맞추어야 한다.

수업은 각각 특징이 있다.
개별학습, 모둠학습, 전체학습, 협동학습, 토의 토론 수업, 프로젝트 수업 등 다양한 방식으로 학생 참여수업을 한다. 적절하게 선택하여 수업한다.
수업에는 만병통치약 같은 비법이 존재하지 않는다.
수업에는 왕도가 없다.

학교의 수업 참관에는 다양한 상황이 발생한다.

학부모 공개수업의 목적이다.

학부모에게 수업을 공개하여 공교육 교실수업의 특수성을 이해시키는 것이다. 학부모로서 가정에서의 학습 지원 역할을 파악하게 하는 것이다. 뿐만아니라 가정에서 학생을 지원해 줄 수 있는 여건을 마련하도록 하는 것이다. 하지만 아쉽게도 학교 와서 그냥 수업 참관하고 '잘하네, 못하네, 과거보다 시설이 좋아졌네, 학생 수가 많이 줄었네,' 하면서 단순하게 보고 끝이다.

무슨 효과가 있겠는가?

학생의 학습 습관은 어떠하며, 가정에서의 교육 환경과 교육 철학를 학부모와 공유하면서 교육에 효과를 기대한다. 학생과 교사가 함께 성장하고 교육이 발전하는 것이 학부모 공개수업이다. 앞으로 그렇게 되기를 기대한다.

학교는 학생의 교육과 보육 복지를 위해 노력하고 있다.

교사의 수업에 대한 열정과 자질을 인정해 주어야 한다.

학부모는 학교 정책이나 수업과 관련하여 선생님들께 지지와 격려를 제공하길 기대한다. 자녀 한 명 가르치기 힘들은데... 단지 와서 공개수업 한번 보고 수업참관록 제출하면 그게 끝인데 학부모 공개수업 왜 하는지 다시 한번 제고 해야 한다.

학부모가 참관하면서 수업을 제대로 분석하고, 수업 내용과 교육과정을 제대로 아는지도 묻고 싶다. 가끔 수업분석을 제대로 하시는 분도 있다. 하지만 대부분 수업 참관 한 번으로 교사를 평가하기도 한다. 교사 평가 문제가 많다. '교원평가 보완하거나 폐지가 답이다.' 외친다.

참관 교사의 입장이다.

수업시간에 학생이 배움 활동을 잘하는지 관찰한다. 또한 학습목표를 알고 배우고 있는지, 학생 수준에 맞는 개별학습이 잘 이루어지고 있는지 살펴본다. 교사와 학생 모두의 상태를 살핀다.

교사와 학생의 상호작용이 잘 이루어지는지, 학생의 수준과 교과의 내용은 적절한지, 제시하는 학습자료는 무엇인지, 학생 누가 활동에 참여하고 안 하는지, 형성평가는 자연스럽게 이루어지며 평가 결과를 학습활동에 피드백하는지 등을 살펴본다.

솔직하게 말하면 한 시간 동안 수업 참관하면 진이 빠진다.

신경이 곤두선다고나 할까. 참관 후의 상호정보 교류할 이야기 거리를 찾아야 하기 때문이다. 신경 안쓰고 수업 시간 지나가기를 바라며 참관하면 한 시간 지루하기도 하다.

수업은 준비하는 게 수업의 완성도이다. 다만 학생의 의지가 중요하다. 남에게 보이는 SHOW 이제 그만하자.

수업 참관은 수업을 배우는 좋은 기회이다.

수업 참관의 분위기는 학교 교원 구성원의 성별, 경력별 상황이 다르다. 공개수업은 교과별로 참관하고, 신규교사는 의무 참여하게 하고, 저 경력 교사는 참관 권장, 전 교사에게 희망 참관을 홍보한다. 학교 분위기에 따라 참관 인원은 다르다.

수업 참관은 교수 능력 파악과 수업 준비, 수업 실행과 문제행동 예방 및 지도, 생활 습관 및 인성교육 내용도 살펴본다.

수업 관찰은 교사의 교수활동보다는 학생의 학습활동에 초점을 맞추어, 학생 한명 한명에 대해 교사가 어떻게 대응하고 있으며, 각 학생을 배려하고 있는지 관찰한다.

교사가 유연하게 대응하고 있는지, 학생들이 안심하고 자기 생각을 말할 수 있는 교실 분위기가 조성되고 있는지 관찰한다. 학급당 학생 수가 수업을 하는 데 영향을 준다. 학생 수가 적으면 아무래도 맞춤형 교육이 가능하다.

대부분 교사는 본인의 수업을 잘한다고 생각한다.

자기 수업의 부족함을 인정해야 혁신하고자 하는 마음이 생긴다. 연구하고 노력하게 된다.

수업이 잘 이루어지려면 교사와 학생과의 경계선이 잘 세워져야 한다. 무엇보다 관계 세우기를 바탕으로 질서 세우기가 이루어져야 한다는 것이다. 학생과의 관계는 중요하다.

학생들과 함께 약속 형태로 수업 규칙 및 생활 규칙을 만들어 함께 지키도록 하는 시간이 수업시간이다.

수업은 상호작용이다.

함께 참여하는 수업이 제일이다. 교사와 학생은 수업시간에 대화를 하며 사고력을 키우고, 학습목표를 달성하는 것이다. 수업을 마치면 역지사지를 느낀다.

교사는 무엇을 잘해야 하나?

학생의 상담, 교육내용의 가르침, 학생과 대화, 보살피는 것, 업무처리, 개인의 생활 등 하느라 늘 시간이 부족하다.

교사는 교과 내용을 가르치는 수업의 달인이다.

누구보다도 자신감이 넘친다. 학생들 유형이 더욱 다양해지고, 능력도 학업 수준도 각각 다르다. 어디를 기준으로 할지 고민하며, 중심을 잡고 가르치고 있다. 그래서 요즘엔 교사가 맞춤형 수업하기 힘들다고 한다. 과거를 생각하는 경우도 생기며, 미래를 걱정하는 마음이 더 크다. 일이

교사는 학생을 사랑하고 존중하며,

학생은 교사를 존경하길 기대한다.

3. 나는 교사다, 고로 수업한다

교사 의 삶이란 무엇인가?

교사의 삶을 살펴보면 반복적인 삶이다.

유·초·중·고·대 학교생활은 모범적인 생활한자이고, 교사의 생활도 대부분 그렇게 지낸다. 예외도 있다.

대부분 알뜰하게 생활하며 사는 삶이요, 모범적인 생활하는 삶이다. 교사의 삶은 평생 그러해야 하는 삶이다.

'바로 사는 것은 어떻게 사는 것이냐.'라는 말을 소크라테스에 의하면 바로 사는 것을 다음과 같이 말했다.

첫째, 진실하게 사는 것이요.

둘째, 아름답게 사는 것이요.

셋째, 보람 있게 사는 것이다.

공부를 잘하도록 돕는 게 교사의 삶이다.

학생을 가르치는 데 있어 모든 게 변하고 있다. 과거에는 욕설도 하고, 기합도 주고, 폭력도 사용했다. 부끄럽고, 그때의 학생들에게 미안하다고 지금이라도 말한다. 내 잘못이라고, 용서해 달라고, 사과한다. 교사로서 미흡한 점이 많았다. 과거 업무가 학생부였다. 학생부에서는 그렇게 하는 줄 알았고, 그렇게 했고, 누구도 간섭하지 않았던 시절이다.

세상이 변하고 있다.

학교 상황도 많이 변했고 변해야 하는 시대이다. 지금 제대로 잘하려고 새롭게 다짐을 한다. 학생들도 바로 하기를 희망하며 교육한다. 말도 바로 하고, 생각도 바로 하고, 행동도 바로 하고, 생활도 바르게 하고 있다.

교사의 삶은 언행일치이다. 모범을 보이며 교사로 사는 것이다. 말이 쉽지, 힘들 때가 많다. 바른 말 고운 말 쓰려고 노력하고 인내하자니 스트레스가 이만저만이 아니다. 참자니 소화 안되고 스트레스 쌓인다. 스트레스는 즉시 푼다. 심호흡하고, 물 먹고, 운동장 걷는다. 속상한 걸 화풀이 하자니 대상이 가족이다. 이제는 어찌하랴. 지금부터라도 잘해주려고 노력하고 있다. 스트레스를 풀 방법을 생각중이다. 나 스스로 좋은 인품으로 거듭나야겠다. 지금부터라도 잘해주려고 노력하고 있다.

가정의 삶을 되돌아보면 알뜰하게 생활하려고 노력은 했다. 지금은 주어진 환경에 만족하고 보람있게 산 것이라고 스스로 느낄 뿐이다.

교사의 삶이다. 신규교사는 모든 것이 새롭다. 신규교사는 신입사원이나 마찬가지이다. 모든 게 낯설고 신기하고 어리둥절하다. 교생 실습을 4주간 경험을 했어도 신규교사는 모든 게 어렵게 느껴진다. 각자 알아서 적응을 잘해야 한다. 기간제 교사 경험해도 마찬가지이다. 적응 잘 하려면 마음가짐이 우선이다. '내가 근무하는 학교가 좋은 학교이다' 다짐한다.

학교 문화에 적응하느라 정신없이 하루가 지나간다. 교사는 날마다 하는 일이 너무 많다. 교과 전문성을 위한 내용을 공부한다. 수업 분야 내용을 공부하고 평가에 대한 방법을 연구하고 가르친다. 의무 연수도 이수하고 문제를 해결하려고 주위 교사들에게 질문하며 터득한다.

학생의 생활교육을 위한 심리와 상담 공부도 한다. 그동안 경험으로 보면 교사들은 공부하기를 좋아했던 사람이 많다. 하루하루 시간이 빨리 흐른다. 경력이 쌓이면 수레바퀴 같은 학교생활에 잘 적응하며 여유가 생긴다. 커피도 마시고 휴식도 취한다. 늘 적극적인 교사, 긍정적인 교사, 학생 수업에 최선을 다하는 교사가 된다. 모두 열심히 한다.

그러나 서로 갈등이 있거나 해야 할 업무를 게을리하는 경우가 발생하기도 한다. 신학기가 되면 업무와 수업 시수로 인하여 어려운 일이 생긴다. 어려운 업무는 일단 상황을 모면하려고 한다. 학교 문화가 늘 이랬다.

교직원 인간관계를 위해 의사소통에 관한 자세와 태도를 익혀 슬기롭게 대처하길 바란다.

세월이 15년 정도 흐르면 승진하느냐, 장학사 시험 보느냐, 수석교사 하느냐 갈림길에 선다. 열심히 살면서 공부하고 연구하는 교사가 수석교사, 장학사, 교감, 교장이 될 확률이 높다.   준비된 사람이 받는 선물이다. 이 말의 의미는 남보다 열심히 연구하고, 노력을 많이 한 교사이다. 학교에서 신뢰받는 사람으로 당연히 인정된다.

승진에 관심 없는 교사들은 학생 교육에 최선을 다하시는 진짜 훌륭한 선생님들이다. 이분들의 사명감과 열정이 넘치기에 학교가 우뚝 서 있는 것이다. 존경과 존중의 대상이며 본받을 만한 스승이다.

매일 하는 수업이지만 늘 만족할 수는 없다.

같은 내용을 똑같게 수업해도 교실은 늘 변화무상하다. 수업의 만족은 교실 나올 때 느낀다. 그때그때 다르다. 교실 나올 때 만족과 보람을 느끼기도 하고 속 시원한 느낌도 들 때도 있다. 늘 다르다. 다르니까 살아가는 게 교사다.

교사의 삶은 교실 속 희노애락이다.

그럼에도 어떻게든 버티는 게 교사다. 교사는 외로울 때도 있고, 괴로울 때도 있다. 누구나 다 그런 경험을 한다. 다른 사람에게 이야기하지 않을 뿐이다.

속상하고, 원통하고, 분하고, 화가 날 때도 많다. 교사도 인간이고 감정이 있다. 참느라고 고통이지만 인내하는 게 습관이 되었다. 내 마음이 변하고 있다.

가르치는 일, 학생에 대한 관심과 사랑, 포기하지 말자.

교사는 다 그런거다. 다 그렇게 산다. 나만 힘든 게 아니다. 버티는 게 유능한 교사다. 버티고 견디고 잊어버리고 새 학년 새 출발 하는 게 교사다.

매일, 매달, 매년, 늘 반복하는 게 훌륭한 교사이다.

지치지 않도록 휴식이 필요하다. 심신의 힐링이 필요하다.

숲속을 많이 걷자.

최선을 다하며 그날까지.

외로움과 괴로울 땐 그 감정과 상황을 글을 쓴다. 메모지에 컴퓨터에 일단 무작정 써 놓는다. 글감이 된다.

시간이 꽤 지나면 모두 추억거리다.

이 글을 다시 읽을 땐 무척 성숙해지고 성장해 있음을 느낄 것이다. 성공하는 교사 생활의 방법이다. 장담한다. 경험이다.

교사는 외롭고, 괴롭고, 즐거움을 반복하는 삶이다.

매일, 매달, 매년, 그렇게 사는 삶인가 보다.

그동안의 수업을 하면서 아쉬운 점, 좋은 점, 깨달은 점, 안타까운 점 등을 모아 작성하고 있다. 교사의 삶에 대하여, 수업에 대하여 지금 책쓰기를 한다.

이 글도 마찬가지이다.

외로움에 있을 때, 글을 쓰면 위로가 된다. 괴로움에 있을 때 슬퍼하지 말고 글을 쓴다. 기쁠 때 자랑하지 말고 글을 쓴다. 칭찬 받을 때 뽐내지 말고 겸손하게 글을 쓴다.

글을 쓰면 괴로움이 반으로 줄어들고, 쓰면서 만족을 느낀다. 글이 작성되면 즐거움이 생긴다. 책이 만들어지면 그 기쁨은 자신만이 안다. 창의적인 일을 할 때 기쁨을 느낀다.

교사는 말하기, 듣기, 읽기, 쓰기를 하는 자이다.

다양한 분야 독서하고, 가르치고, 경청하고, 교과서를 읽고, 글을 쓰는 창작자이다.

교사는 가르치고 배우는 작가이다.

나는 교사다. 수업하는 교사다. 고로 존재한다.

교사는 보람과 만족이 기다린다

교사의 삶은 자랑스럽다.

괜찮은 교사

좋은 교사는 견디는 선생님이다.
즐겁지만 마음 아픈 교사
그들에게 상처 입은 교사
속상한 마음과 정신과 육체가 힘든 교사
모두 다 좋은 교사이다.

좋은 교사는 부드러운 선생님이다.
따뜻하게 격려하고 인정받는 교사
열정과 사랑으로 희망을 주는 교사
보람과 만족이 충만한 긍정적인 교사
사랑스러운 교사이다.

이 세상에 공짜는 없다.
아픈 상처 없기를 바라지 마오
아픔은 성숙해지게 하며 성장하게 한다.
상처 딛고 일어서는 성찰하는 교사
그대여 진정 괜찮은 교사다.

4. 좋은수업, 나쁜수업, 이상한수업

수업 은 교사의 평생 업(業)이다.

학교는 수업이 생활이고 교사는 수업이 삶이다.

교사는 누구나 수업을 똑바로 하고 잘하고 싶다. 다만 학생이 수업 시간에 똑바로 배우고 있지 않기 때문에 문제다. 모든 학생이 다 그러하지는 않다.

학생에게 묻는다.

모르면 제대로 잘 배우라고 외친다.

누구를 위한 수업인데.

그래서 가르치기가 제일 힘들다. 더 힘든 것은 해야만 하는데 하기 싫다고 해도 억지로 하라고 할 경우이다.

수업한다는 것은 중요한 일이다.

어떻게 수업하느냐가 더 중요하다.

왜 가르치는가? 라는 말이 가장 중요하다.

무엇을 가르치느냐가 진짜 중요하다.

핵심역량을 함양하도록 가르치느냐,

교과 역량을 함양하도록 가르치느냐,

시험문제 나올 내용을 가르치느냐이다.

교사는 수업을 좋아할까?

학생을 잘 가르치기 위해서 수업은 어떻게 해야 할까?

수업을 좋아해야 한다. 수업을 잘해야 한다.

좋은 수업이란 어떤 수업일까?

교사 중에는 정말 수업을 잘하거나 좋아하는 선생님이 많이 있다. 수업 연구하는 것을 좋아하고 수업 자체를 행복하게 생각하고 수업하는 선생님도 드러내지는 않지만 많다.

수업은 가르침과 배움의 시소게임이다. 학생과 함께 하는 상호작용이다. 학교 업무가 바쁜 핑계로 보면 수업이 진도 나가기에 급급할 때도 많다. 교사는 년초 계획한 성취기준과 교과내용을 가르치며 역량을 발휘하는 삶이다.

학생 성장에 관심이 있다면 요점 정리하는 방법을 알려준다.

요점정리는 스스로 하면 정리된다. 교사가 요점을 정리하여 프린트 나누어주면 교사가 성장하는 것이고 학생에게 요점정리를 시키면 학생이 성장하게 된다.

수업의 상황이 천차만별이다. 같은 내용의 수업도 상황에 따라 다르게 전개된다.

교사의 주된 업무는 수업이다.

수업에는 좋은 수업 나쁜 수업의 명확한 정의는 없다.

'학생에 이로운 수업이 좋은 수업이고, 학생에게 해로운 수업이 나쁜 수업이다.' 라고 생각한다.

좋은 수업은 무엇인가? 더 탐구해 보자.

좋은 수업은 "역량함양과 인간 됨됨이를 가르치는 수업이다."라고 강조하고 싶다. 좋은 수업은 나쁘지 않은 수업을 말한다. 좋은 수업을 하려면 좋은 수업이 무엇인가 생각을 많이 하고 연구하고 궁리해야 한다. 학습격차를 줄일 방법을 연구한다.

좋은 수업이란 어떻게 하는 수업인가?
학생들은 수업 시간 무엇을 원할까?
학생들은 좋은 수업을 어떻게 판단할까?
나쁜 수업이란 무엇인가?

교사는 국가교육과정 성취기준을 가르쳐야하는 의무가 있다.
학생들은 높은 점수를 얻기 희망한다. 무엇보다 시험성적 점수를 얻기에 도움이 되는 수업을 희망하는 경우가 많다. 교사는 수업하는 게 점수 높이는 것이 목적인가?

좋은 수업이란 무엇일까?

좋은 수업 여러 가지로 언급된다.

좋은 수업은 알기 쉽게 설명하는 것이다.

지식을 습득하고 기억하고 이해하는 수업이다.

문제를 탐구하고 조사하여 발표하는 수업이다.

무엇인가 표현하고 만드는 수업이다.

학생 모두 참여하는 수업이다.

수업 시간 다양한 경험을 제공하는 창의적인 학습이다.

모르는 것이 있으면 수업 중간이라도 언제든지 선생님께 질문하는 수업이다. 최선을 다해 설명하고 질문하는 수업이다.

수업의 주인공인 학생을 존중하는 수업이다.

좋은 수업은 준비하는 수업이다.

좋은 수업은 학습목표 달성할 수 있도록 수업하는 것이 가장 중요하다. 모르는 것을 알려고 배우기 위해 학교에 가는 것이다. 학생은 수업에서 지식을 이해하고, 올바른 태도를 함양하고, 성장해가는 삶이다.

나쁜 수업은 무엇인가?

좋지 않은 수업을 나쁜수업이라고 한다.
그렇다면 구체적으로 어떤 수업일까?

정답만 강조하는 수업이다. 개인적으로는 이것이 가장 나쁜 수업이라고 생각할 수도 있다. 정답 찾는 수업을 하는 게 아니다. 그렇지만 지금의 수업은 정답을 찾는 교육이 대세다.

특히 고등학교 일부 수업시간 그렇다. 대학입시가 제일 중요하기 때문이다. 오로지 수능 점수 높이기 수업을 한다. 인성교육을 할 시간이 부족하다. 사고력을 신장하는 수업을 해야 한다. 누굴 탓하랴 어찌할 수 없는 상황이다.

오늘도 외친다. 오늘도 무사히.

좋지 않은 수업의 유형이다.
교사에게 먼저 살펴보자.
교사의 목소리가 작아 잘 안 들리는 수업, 교사 혼자 진도 나가는 수업, 배운 내용의 정리가 안 되는 수업 등이다.
이런 수업을 한다면 교사는 수업 개선을 위해 부단한 노력이 필요하다. 좋은 수업을 위해 교사는 늘 연구하고 있다.

수업시간은 학생 누구에게나 공평해야 한다.

가르치는 사람과 배우는 사람 간에는 상호작용이 중요하다. 그리고 학생 스스로 할 수 있는 학습에 필요한 시간의 양을 늘리는 것은 중요하다. 학생 간 협력하고 상호작용하는 수업이 중요하다. 학습결손 방지와 해소를 위한 효과적인 해결책이다. 배우는 것이 재미있고 가치가 있다는 것을 알려주어야 한다.

지속적으로 코칭하고 이야기 해야하는 게 교사이다.

가르치는 소리는 좋은 소리다. 잔소리가 아니라 학생들은 돌아서면 잊어버린다. 미성숙한 학생들이라 반복하여 습관이 될 때가지 가르치는 게 교사다.

잔소리하는 교사는 훌륭한 교사다.

교사의 평생 업(業)이다.

이상한 수업이란 무엇인가?

이상한 수업은, 아무 가치 없는 수업이다.

인성교육도 아니요, 핵심역량이나 교과 역량 함양도 아닌 수업이다. 정답 맞히는 수업도 아닌 것이다.

아무 의미 없는 시간 낭비 수업이다.

5. 괜찮은 수업은 무엇인가?

괜찮은 수업 은 무엇인가?

'모든 것이 괜찮다.' '지금 괜찮아요.' '좋아요'

괜찮다는 말 참 좋은 말이다.

괜찮은 수업은 무엇일까?

이를 바꿔서 어떻게 수업하는 것이 바르게 하는 수업인가?

괜찮게 수업하는 것이다.

바꿔본다. 괜찮은 수업은 무엇인가?

바르게 하는 것이다.

괜찮은 수업은 즐거움과 재미있는 수업이다.

올바로 하는 수업이다.

앞에 한글자 붙인다.

똑바로 하는 것이다. 무엇을 똑바로 할까?

가르침은 똑바로 하는데 배우는 학생들이 똑바로 배우지 않는 경우가 너무 많다. 이것도 교사의 몫이고 탓이 된다. 학생을 연구하자. 선생님은 많아도, 교사는 많아도, 스승이 별로 없다고 한다. 수업에 철학이 있는 교사이길 노력하고자 한다.

수업 철학은 무엇인가?

철학이 깃들인 수업. 이게 괜찮은 수업이다.

시험을 위한 수업시간이 지속되면 좋을까?

정답 찾는 수업 시간이 되면 역량이 향상될까? 성취 수준에 도달되는 수업, 역량 강화가 되는 수업을 연구하고 실천하자.

괜찮은 수업은 무엇인가?

과거나 현재에 성공한 유명인 중 공부를 잘 한 사람도 있고 못한 사람도 있다. 학교 교육을 충실히 이수한 사람이 성공할 확률이 높다. 공부를 못하거나 안 한 특이한 경우 성공해서 유명해진 사람도 있다. 단지 확률상 인원이 그리 많지는 않다.

정주영이나 에디슨을 이야기하는 분들이 이렇다. 그들은 인생공부와 사회공부를 열심히 한 노력가 중의 노력가이다. 공부보다 더 어려운 끈기와 인내, 도전정신, 창의성이 대단한 인물이다.

창의력을 길러주기 위해서 부모가 하지 말아야 할 말은?
'빨리빨리'이다.

진심으로 창의력 있는 아이로 키우고 싶다면 오늘부터 그냥 놔두자. 경험을 많이 하게 기회를 주고 교육은 기다림이다. 기다림은 사랑이다.

괜찮은 수업을 위한 교실 수업 방법은?

수업 시간 내 눈의 좋은 위치는?

교사 눈은 누구를 보는가?

시선 처리는 학생들 눈 골고루 쳐다봐야 한다.

수업 시간 교사의 시선 처리 어떻게 할까?

도리도리이다. 그렇다고 자꾸 반복하면 어색하고 이상하다. 앞에서 뒤로, 왼쪽에서 오른쪽으로, 가운데 모서리 곳곳을 천천히 교실 학생을 쳐다본다. 쉽지 않지만 수업 시간 시선 처리를 적절하게 하는 게 괜찮은 수업을 위한 방법이다.

시도해보자.자 한번 시작. 천천히 의식하는 게 중요하다. 어떤 교사는 잘하는 학생만 쳐다보고 수업하는 경우도 있다.

적극적인 학생에게만, 맞장구치듯이 하는 학생에게만 시선이 간다. 이는 좋은 방법이라 할 수 없다. 왜냐하면 한 명 한 명 모두 소중하기 때문이다. 어쩌다 수업 시간 쳐다보기 싫은 학생도 있겠다. 그러면 마음이 불편하다.

교실을 순회해야 한다.

몇 번 정도 정확한 규정은 없다. 알아서 적절하게 수행한다. 천천히, 빠르게, 상황에 따라, 적절하게 한다. 어느 교사는 교탁이 서 있으면 종 칠 때까지 교탁을 맴도는 경우도 가끔 본다. 교실을 주기적으로 순회하면, 딴짓을 적게 하고, 수업에 참여시킬 수 있는 좋은 방법이 된다. 특히 모둠별 학생활동 수업할 때 순회하면서 학습이 느린 학생에게 피드백하면 효과적이다.

괜찮은 수업은 형성평가를 하는 수업이다.

형성평가는 수업시간에 주로 한다. 형성평가는 학습 및 교수가 진행되고 있는 유동적 상태에 있는 도중에 학생에게 피드백을 주고, 교육과정을 개선하며, 수업방법을 개선하기 위해 실시하는 평가이다. 매 수업 시간 형성평가 실시하여 학습의 극대화가 이뤄지도록 해야 하는 것이 중요하다.

똑바로 하는 수업은 완전학습을 유도하고 학습의 격차를 줄이는 데 효율적인 방법이다.

가치관 교육은 언제가 좋을까?

수업 시간, 조례, 종례 시간이다.

조례 종례 시간에 비언어적 표현도 중요하다. 비언어적 표현 방법을 잘 익혀 활용하자.

6. 수업의 멋과 맛 3가지

수업 3가지 맛과 멋을 살펴보자.

학교는 수업 시간이 소중하다.

수업의 조건은 무궁무진하다.

필요조건이 있고 충분조건이 있다. 학생들의 준비, 교사의 수업 디자인, 수업 환경, 수업자료 등 무수하게 많다. 제일 중요한 수업의 맛과 멋 3가지를 제시한다.

수업에는 3가지 멋과 맛이 있어야 좋다

첫째, 수업에는 흥미(興味)가 있어야 한다.

호기심이 최고의 교과서다.

학생들의 관심이 무엇인가를 살펴본다. 학생들의 관심에 질문하면 더 주목하게 된다. 관심과 흥미있는 분야를 찾는 게 제일이다. 호기심을 유발한다.

수업 시작하면서 동기유발을 시키지만, 학생들이 관심이 없는 경우가 많다. 당연하다. 학생들은 수업 종 쳐도 학습 준비가 되지 않은 상태이다.

교사는 시선을 모으기 위해 그림, 영상, 사진, 소리, 노래, 온갖 별짓을 다 한다. 어떤 분은 마술까지 배우기도 한다.

동기 유발하고 호기심 발동하기 위하여 노력한다. 학생이 관심을 가지도록 흥미 있는 자료를 준비하느라 힘들다. 요즘 바쁜데도 연구하고 노력하느라 고생이 많다.

둘째, 재미가 있어야 한다.

유머와 웃음을 포함한 Fun이다.

즐거움과 흥미가 중요함을 의미한다. 재미를 위하여 게임을 활용하는 수업도 한다. 수업은 삶과 연계한 즐거움이 있어야 관심이 많다. 실생활과 연관된 수업을 계획하여 재미를 유발한다.

학교는 교사와 학생의 생활공동체다.

수업시간이 살아나야 학생이 행복하다. 학교 수업 시간이 행복하면 학교생활이 즐겁다. 학교생활이 즐거우면 학교폭력도 줄어든다. 학교폭력이 줄어들면 인성교육이 잘 된다. 학교는 인성교육도 중요하게 가르친다.

수업시간에 즐거워야 학교가 행복하다. 교실에선 재미가 있어야 한다. 스토리텔링과 웃음과 유머가 있는 시간을 유지한다.

셋째, 수업은 의미(意味)가 있어야 한다.

수업은 학교 교실에서 주로 한다. 시험을 위한 수업은 의미가 적다. 학교 수업이 그래야 한다. 그러려면 교사가 통합적으로 사고해야 한다. 사회 현상을 통합적으로 가르칠 수 있어야 한다. 수업은 삶이고, 삶은 인생이다.

수업시간에 모든 학생이 만족할 수는 없다. 그저 최선을 다하는 게 교사의 삶이다.

의미있는 수업은 무엇인가?

성취기준에 도달하는 수업이고, 사고력 신장이고, 핵심역량 함양이고 교과역량 함양이다. 학습 목표의 달성 여부이다. 교사는 수업시간 모두 최선을 다하고 있다. 다만 학생들이 의미있게 받아들이고 이해하고 지내는지 의문이다. 학생의 성취감은 각자 다르다. 학생들의 성취 도달 수준 차이가 점점 심해지고 있다. 수준 차이를 줄이려고 강제로 교육할 수 없다.

오늘날의 교실 현장은 인권과 수업권의 괴리가 크다. 일부 교사는 수업에 참여 안 하는 학생을 내버려 둘 수밖에 없는 상황도 생긴다. 그저 안타까운 현실이다. 과거에는 끝까지 시키거나 기합 주거나 과제를 수행하도록 강제로 지시했다. 지금은 다른 특별한 방법이 없다. 방치하게 되면 공교육의 책임과 권한이 없어질까 속상하다.

교사는 권리와 의무를 행하는데 좋은 방법을 찾게 된다.

어떤 학생들은 등교조차 싫은 학생이 있다. 수업 시간 자체가 의미 없게 생각하는 학생도 있어 홈스쿨링하는 학생도 증가하고 있다.

학교에 수업 시간 언어의 소통에도 문제가 생기고 어려움이 증가하고 있다. 맞춤형의 교육이 언제 가능할지 걱정만 된다.

학교가 걱정이다. 수업 시간 학생이 더욱 걱정이다.

의무 교육은 허무 교육이 될까 안타깝다.

최고의 교사는 누구인가?

바로 자기 자신이다. 자기 일을 사랑하고 열정과 사랑으로 대하면 되는 것이다. 내가 행복하면 학생들에게 교실에서 행복을 가르치게 된다.

어떻게?

배우는 게 행복이고, 알아가는 게 행복이고, 가르치는 게 행복이고, 깨닫는 게 행복이라고...

누구와 함께?

동료 교사와 함께, 옆에 있는 수업 친구와 함께 행복의 길을 가자고.

철학자 루소는 '식물은 재배에 의해서 자라고, 인간은 교육에 의해서 인간답게 성장한다'라고 교육과 교사의 중요성을 역설했다.

교직은 사회적으로 인정받고 존경받는 좋은 직업이다. 동시에 사명감, 책임감이 필요한 직업이다. 인정받고 칭찬받는 교사들이 된다면 진정 멋진 일 아닌가?

자부심을 가지며 자랑스러워할 일이다. 교사의 사회적 위상은 매우 중요하며 전문성을 필요로 한다.

인간다움, 미래다움, 인간중심 교육이 필요한 시점이다. 미래사회도 인간을 가르치는 것은 교사이다. 인공지능 교사가 교육을 도울지언정 대체하지 않는다.

교육의 주체는 교사이다. 학생은 배워야 한다. 스스로가 최고라 여기지만 누군가는 도와주어야 성장하는 시기이다. 하기 싫을 땐 휴식을 해야 한다. 수업의 참맛은 무엇인가? 가슴 설레는 맛이다.

삶의 참맛은 무엇인가?
인생 삶은 융합적인 삶이다. 삶의 의미다.
삶을 유지하는 한 배워야 산다. 이게 인생이다.
인생은 곧 평생 학습하는 삶이다.

7. 수업의 정석을 말아다

수업 의 정석은 무엇인가?

교사가 학교에서 해야 할 수업시간은 정해져 있다. 가르칠 내용도 정해져 있다. 평가 시기도 정해져 있다.

정해진 수업시간에 정해진 교과내용을 가르쳐야 한다. 내용은 정보공시로 공개한다.

수업은 늘 반복한다. 매일 하는 수업이지만 매일 다르다.

교사의 정신상태, 신체적 환경, 그날의 기분이 다르다.

뿐만아니라 학생들의 변화무상한 상태, 특히 어디로 튈지 모르는 학생들의 태도, 같은 수업이어도 차이가 나는데 남녀 학교의 차이, 남녀 공학 교실 차이 정말 많이 다르다.

수업 도중에 문제가 발생하면 모든 게 멈춤 상태가 되고 그 일에 신경 써야 한다. 만약에 싸움으로 인한 학교폭력, 학생이 안전사고라도 발생하여 누가 다치거나 하면 곧바로 안내하고 수습하며 병원으로 이동하고 학부모에 연락해야 한다.

생활의 달인들은 나만 잘하면 된다. 같은 일을 반복적으로 하여 기능이 우수하고 최고 수준이 된다. 의사의 수술도 마찬가지이다.

교사는 어떤가?

교사는 그러하지 않다

모르는 사람은 같은 짓을 수십 년 하면 달인이 되지 뭐 그래 할 수 있겠다. 그러나 매일 다르다. 학생 수만큼 상황이 다르다. 기분도 다르다. 이렇게 매일 다른 상황에서 수업하는 것이다. 매일 다른 것이다. 오죽하면 '오늘도 무사히' 이겠는가?

그래서 교사는 역량이 뛰어나야 한다. 늘 연구해야 하고 동료 교사와 이야기를 많이 나눠야 한다. 낯선 행동을 하는 학생을 보면 어떻게 교육하지, 막막하고 불안한 게 정상이다. 묻고 질문하고 왜 그럴까 생각하고 무엇을 도와줄까 궁리한다.

교육은 동료교사와 함께 가르치는 것이다.

수업에는 왕도가 없다.

그러나 멋진 수업을 위한 교사의 노력은 있을 수 있다.

멋진 수업!

수업을 디자인하고, 학습지 만들고, 평가하고, 기록하는 것까지 하나의 줄기로 이어나가는 과정이다.

수업시간 잔소리는 매우 중요하다. 마치 콩나물시루에 콩나물을 기르기 위한 물주기다. 물 한 바가지 줄 때 아무런 변화가 없다. 매일 매일 꾸준히 물을 주다 보면 어느새 콩나물은 잘 자란다. 늘 이렇게 하는 게 수업시간이다.

수업시간은 교과 내용도 가르쳐야 하고, 칭찬과 격려, 때로는 훈계도 해야 학생들은 무럭무럭 자라는 것이다.

교사는 학기별로 교육과정-수업-평가-기록의 일체화를 연구하고, 실천하는 삶이다. 도입 전개 정리 및 평가를 즐겁게 해야 한다. 수업의 흥미와 재미를 느끼도록 하고 역량을 함양하는 의미 있는 수업을 해야 한다.

본시 수업 계획을 잘 세우고 수업하면 교사는 학생에게 최선을 다하는 것이다.

어떻게 본시 계획을 세우는가?

과거에는 주별로 월별로 교감의 결재를 받고 수업했다.

오늘날 이런 수업 계획은 개인별로 한다. 주기적인 관리나 확인하는 과정도 없다.

신규교사, 중경력, 고경력교사 모두 각자도생이다. 각자 알아서 대처하는 환경이다. 초등학교의 경우는 학년협의회에서 주간 월간 가정통신문 발송하고, 중학교와 고등학교는 연초 학기별로 정보 공시를 하면 끝이다.

교사는 매일 수업시간 계획을 세워 수업한다. 수업시간 행복해지길 기대한다. 물론 계획대로 되지 않지만...

교사는 수업과정안을 제작한다.

모두가 알아서 잘 작성하고 수업한다. 하지만 협력하면 더 좋은 수업을 할 수 있다. 교사들이 친밀하게 지내며 정보를 공유하면서 아이디어를 얻는다. 수업 이야기 나눔이 있어야 좋다.

무엇을 가르칠 것인가?

어떻게 가르칠 것인가?

왜 가르치는가?

구체적으로 계획하고 수업 준비한다. 그래서 늘 교사는 매일 바쁘다. 오늘도 준비 내일도 준비.

수업을 준비하는 교사는 아름답다.

[교수·학습 과정안 작성 체제와 내용] 예시이다.

본시 주제 : 본 차시의 주제 설정

수업 목표 : 이해, 기능, 태도면의 목표 설정

학습 문제 : 학습 요소, 학습순서, 선수학습능력 제시

　　　　　　　형성평가 기준

수업과정 : 교재의 특질과 지도관에 따라 수업전개 과정
결정

학습 내용 : 이해, 기능, 태도면의 목표에 포함된 내용제시

교수·학습활동 : 수업과정에 따라 지도내용

　　　　　　　　도착점 행동을 지도할 수 있는 내용

시간 : 수업과정에 따른 시간 안내

자료 : 학습의 개별화를 위한 자료,

　　　　쉽게 가르치고 배울 수 있는 자료

지도상의 유의점 : 수업 과정별 목표 도달

　　　　　　　　　교과 본질 추구의 유의점 제시

판서 계획 : 학습 내용에 따른 계획적인 판서(구조화)

형성평가 : 본시 수업 목표에 준거한 형성평가 문제

　이런 부분을 구체적으로 설계하고 수업한다.

　좋은 수업에 대한 행복해지는 교사들의 수업 7가지 수업
방법은 3부를 참고하기 바란다.

진심경 6

살다 보니

학교에서 근무하다 보니
많이 배운 교사보다
겸손한 마음으로 헤아리는 교사가
훨씬 좋더라

교실에서 수업하다 보니
실력이 다가 아니고
학력이 다가 아닌
친절하게 행동하는 예절이 바른 학생이
제일 좋더라

학교에서 살아 온 동안
사람 귀한 줄 알고
사심 없이 긍정적인 태도로
따뜻하게 행동하는 베푸는 교사가
최고로 좋더라

8. Teacher의 역할은 무엇인가?

교사 역할과 자세에 대하여 살펴보자

우리나라 교사는 교육부 소속 국가공무원이니만큼 국가공무원법의 적용 대상이다. 교사는 교육공무원이다.

교사로서 지켜야 할 각종 의무를 준수하여야 한다.

교사의 업무는 크게 세분야로 분류할 수 있다. 학습지도(수업 및 연구, 평가, 기록), 생활지도(담임, 상담), 행정업무(부서업무)등을 수행한다.

교사가 해야 하는 수업과 평가, 학생 상담과 생활 교육만을 하는 교사의 길을 희망한다,
행정업무가 점점 증가하는 추세여서 언제 줄어들지 걱정이다.

유·초·중·고등학교에는 교사가 학생을 교육한다. 일반적인 교사의 역할은 대동소이하다. 교사는 기본적으로 전문 교과를 잘 가르칠 수 있는 능력이 필요하다. 이는 당연한 사실이다. 교과전문성을 가져야 하는 게 당연하다.

뿐만아니라 학급을 담당하는 담임교사는 학급을 경영할 수 있는 능력을 가져야 한다. 그리고 학교의 교무 업무중 세부 업무를 분담하여 책임을 지고 교무행정업무를 수행한다. 수업 시간에는 에듀테크 활용과 학생 생활교육을 한다. 학교 공문서 처리 업무가 점점 증가하고 있어 수업에 지장이 많다. 교사는 수업이 생명이라는데 순위에서 밀리고 있다.

교사 하루 근무시간은 8시간이다. 출근(08:30)해서 퇴근 시간(16:30)까지 8시간 근무한다. 8시간 중 점심시간은 포함한다. 교육부 지침으로 교사들은 학생들 점심시간도 근무시간으로 인정하고 있다.

그 이유는 무엇일까?

점심시간 때 일어날 수 있는 학생들의 사고를 방지하기 위함이다. 학교에서 사고 대다수가 점심시간에 많이 발생한다. 관리하고 통제해야 할 책임이 있다.

교사는 학교에서 늘 불안과 걱정 근심에 놓여 있다.

'오늘도 무사히'를 외친다.

한국교육개발원의 연구에 의하면 이상적인 교사상을 다음과 같이 제시했다.

① 교육자로서 신념을 지닌 교사(32.5%)

② 학생에 대하여 깊은 관심과 사랑을 지닌 교사(32.5%)

③ 인생에 대한 자세를 가르쳐 주는 교사(16.8%)

④ 담당교과에서 뛰어난 실력을 지닌 교사(7.6%)

⑤ 예절과 질서를 중시하는 엄격한 교사(5.5%)

⑥ 요령 있게 수업지도를 하는 교사(5.1%)

요즘 교사의 역할은 과거보다 너무나 많이 증가하고 있어 힘들다고 한다. 교육과 보육을 동시에 해야 하며, 학생을 가르칠 때 맞춤형 교육을 시도하고 있다. 편안하고 안정적 분위기의 학교생활을 위하여 안전교육을 한다. 디지털 리터러시 교육, 방역과 급식지도 등 이루 헤아릴 수 없이 많다.

"교육의 질은 교사의 자질과 능력에 달려있다"라고 한다.

교사의 가르치는 일과 역할은 시대에 따라 적절하게 변해야 한다. 변하지 말아야 할 것은 학생들에 대한 사랑과 열정이다. 미 성숙한 학생 가르치다 보면 인내와 기다림은 필수이다. 학생은 처음 배우는 경우가 많다. 처음부터 누구나 다 잘하는 것은 아니다. 역지사지(易地思之)를 기억한다.

학생은 어제 가르쳤다고 오늘 변화하지 않는다.

졸업할 때까지 계속 지도해야 한다. 그게 학교이다. 한번 가르쳤다고 가르친 게 아니다. 꾸준히 졸업할 때까지 해야 하는 반복하는 게 교사의 가르침이다. 교사는 과거에도 이렇게 가르쳤다. 다만 과거에는 강제성이 많았고 그래도 괜찮았다. 현재는 좀 변했다. 강제로 하면 인권침해라고 한다. 그래서 요즘 교사는 너무나 힘들다. 미래에도 가르치는 교사는 어떻게 될지 걱정이다.

현재 교사는 학교에서 할 일이 줄어들기는커녕 매년 증가하고 있다. 교과 지식을 잘 가르치는 것만 하는 게 아니다. 점심시간에는 급식지도를 한다. 스스로 알아서 잘 먹는 게 아니라 밥 먹을 때 싸움도 일어나며 다치기도 한다.

학교폭력을 예방하는 교육도 한다. 상담을 주기적으로 하고, 친구들과 잘 어울리도록 생활지도 하며, 학교폭력 사건이 발생하면 변호사 경찰 역할도 한다. 학부모 상담도 해서 시시콜콜 모든 사항을 알려야 한다. 알려주지 않고 문제가 발생하면 교사에게 책임을 전가하는 경우가 있다.

교사는 오늘도 성실히 학생을 교육하고 있다. 교사는 투철한 철학과 사명감을 가지며 봉사하는 자세로 지낸다. 학생도 변하고 교과 내용도 변하며 수업 방법도 달라지고 있다. 교사도 시대 변화에 따라서 적응하여 잘 가르치고 있다.

학생 스스로 학습을 할 수 있는 학생이 몇이나 될까?

대부분 학생은 스스로 배우기를 즐기지 않는다. 반복과 훈련을 시킨다. 주입식 교육을 통해 외우도록 한다. 이런 학습 방법은 의미가 없기에 학생 수준에 맞는 맞춤형 교수법, 학생 지도법을 연구 하고 있다. 교사는 늘 연구하고 가르친다. 교사가 할 일이다. 다들 이렇게 지내고 있다. 점점 힘들고 지쳐가고 있는 교사가 늘어만 간다. 번아웃이 다가온다.

"교사는 학생 스스로 학습하는 방법을 교육해야 한다. 교사 자신도 가르치는 방법과 기술을 꾸준히 습득해야 한다. 최고의 교사는 이미 완성된 교사가 아니라 노력하는 교사이다. 열정과 전공 교과의 전문성은 당연하다."라고 바랄 것이다. '이 모든 역할을 제대로 하고 싶다.' 외친다.

'연구할 시간이 없다' '행정 업무를 줄여달라' 외친다.

'학생 수 줄여달라' 외친다.

줄이는 건 없고 늘리기만 하는 교육정책에 실망이다.

디지털시대 세상은 하루가 다르게 변화하고 있다. 수업을 발전시켜보려고 노력하는 수많은 열정 있는 교사들을 응원한다.행복한 삶에 도전할 수 있는 희망과 용기를 주고 싶다.

외친다. '다들 힘내세요'

교사의 삶

좁게 보면 교실이나
넓게 보면 온 세상이다.

깊게 보면 바다 같은 사랑이요
높게 보면 하늘과 같은 푸르름이다.

작게 보면 분필이요
크게 보면 태산이다.

짧은 순간 비극이나
길게 보면 희극이니라.

9. 교사의 Attitude

교사 의 태도는 중요하다.

교사는 모든 것을 학생에게 보여주는 삶이다.

교사는 외모에서 복장을 단정하게 하는 게 우선이다. 이유는 학생도 교복을 입고 단정하게 다닌다. 하물며 교사인데 복장에서 모범을 보여야 한다. 학생은 교사의 용모를 따라 하는 습성이 있다.

교사의 말하기는 중요하다.

언어는 그 사람의 품격을 나타낸다. 바른 말 고운 말을 사용해야 학생들이 따라 배운다. 거친 말 욕설을 하면 어떠하겠는가?

과거에 욕설을 가끔 한 적이 있었다. 지금 생각하면 부끄러운 일이다. 지금은 욕설을 듣는 경우가 많다. 참느라 힘들다. 교사의 말투는 인격을 존중하는 정이 넘치는 말씨를 권장한다. 수업 중 욕설하거나 무시하는 말은 하지 않도록 주의한다.

예전엔 미소 지으며 웃는 얼굴이 아닌 화난 표정을 많이 했다. 나의 몸짓과 손짓은 학생들이 다 보고 있다. 학교의 모든 곳에 CCTV 카메라가 설치되어 있다. 나의 행동은 늘 경계하고 조심한다. 교사의 행동에는 선·후배 간에 예의를 갖추어야 한다.

복도에서 교사나 학생을 마주치면 어떻게 할까?

정답은 무엇일까?

먼저 보는 사람이 인사한다.

교사의 복장은 단정해야 하는 것은 당연하다.

학생도 교복을 입고 다니는데......

교사는 품의유지해야 하지 않겠는가?

교사의 표정도 마찬가지이다. 교사는 연극을 하는 배우같은 삶이다. 개인적인 가정사도 있고 그날의 상황에 기분이 다를 수 있다. 그러나 학생들 앞에서는 늘 긍정적이고 적극적인 태도로 임하는 직업이다.

학생을 대하는 태도에서 학생들을 편애하지 않고 공평하게 대하는 것이 매우 중요하다. 교사는 공감하는 능력도 필요하다. 학생들의 사정을 잘 헤아려야 하며, 냉정과 온정을 오가기 때문에 교사는 중심을 잘 잡고 지내야 한다.

교사는 직업인이다.

교사는 노동하는 직업이다. 무슨 노동을 하느냐고?

정신노동, 감정노동, 육체노동을 다 한다. 교사는 전문직이며, 성스러운 성직이다. 교사는 대체로 성실하고 부지런하다. 교사는 진정한 프로가 되어야 한다. 교사는 독서도 하고 다양한 공부를 해야 한다. 그러나 학교에서 책을 읽은 시간이 늘 부족하다.

왜?

학교에서 업무처리와 학생 상담하느라 늘 바쁘다.

수업 시간에 나는 감동을 주는가?

감동을 주는 수업은 학생들이 감격할 것이다.

어떻게?

학생들은 감성이 풍부하기에 감정표현을 잘한다. 삶의 현장인 교실에서 호기심을 주고, 사랑을 주고, 열정을 태우는 것이다. 교사의 열정과 사랑, 신뢰, 정직, 성실은 보배이다. 교사는 언행일치의 삶을 살아야 한다.

학생들에게 제대로 실천해야 신뢰가 쌓인다. 수업시간 규칙의 일관성도 마찬가지이다. 그때그때 규칙이 다르면 혼란스럽고 교사의 신뢰도가 하락한다. 이랬다저랬다 하는 것은 생각할 문제다. 교사의 믿음에 문제가 생기고 신뢰도 하락의 요인이다.

수업 시간 가르침을 방해하면 어떻게 될까?

교사는 배우고 싶은 학생을 가르치는 데는 즐겁고 행복을 느낀다. 교사의 만족과 보람이 크다. 그렇지만 교실에는 배우기 싫은 학생도 교실에 함께 있다. 수업을 방해하고 장난을 치고 있으니 대처할 방법이 없다.

혹자는 교사가 교실을 통제하지 못한다고 한다. 요즘 과거처럼 혼내거나 기합 주거나 큰소리도 못 하는 상황이다.

훈계라는 말도 잘 쓰지 않는다. 교사의 정상적인 교육활동까지도 심각하게 위축시키고 있는 아동 보호법에도 문제가 많다. 교권을 보호하는 것이 근본적인 처방이 필요한 시점이다. 외국의 어느 나라는 학생이 총을 들고 교실에도 온다고 한다.

최근 교권 추락으로 학생 생활지도나 학부모와의 소통에 대한 부담이 커진 것이 문제가 심각하다. 일단 인내가 보약이다.

고사성어 '운칠기삼(運七技三)'이라는 말이 있다.

세상의 모든 일에 있어서 운이 7할, 재주(노력)이 3할이라는 말이다. 7할의 운도 노력하는 사람에게 따라온다. 3할의 노력하는 사람에게 행운이 따른다는 것이다. 공을 들이면 운이 따른다. 운(運)은 공(功)이다. 공을 세워야 운이 따른다. 노력과 실력(實力)을 쌓으라는 뜻이다. 운은 행운이다. 좋은 학교, 좋은 학생, 좋은 교사 만나는 것도 운이다.

학교 교사로 근무하는 자체가 행운이다.

지금 이미 멋진 삶의 시작이다.

교사는 학생과의 좋은 인간관계가 중요하다.

이 관계 속에서 가르침과 배움이 일어난다. 미워하지 않는 관계이다. 측은지심이다. 한 명의 아이도 뒤처지지 않고, 모든 학생에게 배움이 일어나도록 한다. 교사와 학생 상호 간의 존중과 존경이 중요하다.

존중하면 존경받는다. '가는 말이 고와야 오는 말이 곱다.'는 속담이 있다. 교사는 Giver이다.

공부의 목적으로는 대학에 진학하는 초·중·고등학교의 공부를 말하기도 한다. 또는 공무원, 대기업 취직 시험을 통과하기 위해 익히는 공부라고 말한다. 이는 합격을 위한 과정이고 진정한 공부는 이제 시작이다. 인생 공부가 진짜 공부이다.

공부는 생각하는 힘을 기르는 사고력이 필요로 한다. 창의력과 문제 해결 능력, 자기 관리능력, 협력심, 인성, 체력도 필요하다. 공부 제대로 가르치자. 만능이 되어가는 삶이 교사다.

교사는 역량함양을 지향한다. 창의성과 문제해결력을 키우는 프로젝트 수업을 지향한다. 에듀테크를 활용하여 학생의 흥미·학습 수준에 맞는 개별화 수업을 지향한다. 학생 맞춤형 수업을 적절하게 한다. 가르치는데 필요한 진정한 태도이다. 수업하며 배우고 가르치는 생활은 아름답고 위대한 삶이다.

교사는 보람과 만족을 느끼는 행복한 삶이다.

진심경 7

진심경 8

3부
수업시간 7T 실천하기

행복해지는 교사의 7가지 수업 7T

춤
면
풍
(中)

1. Think
   생각하는 수업

2. Talk
   대화를 주고 받는 수업

3. Together
   함께 참여하는 수업

4. Train
   연습과 훈련하는 수업

5. Technology
   에듀테크 활용수업

6. Test
   과정, 형성평가를 실시하는 수업

7. Thank You
   늘 감사하는 수업

3부
수업시간 7T 실천하기

행복한 교사의 좋은 수업 방법이 있을까?

행복한 수업 방법에는

생각하는 수업,

대화를 주고 받는 수업, 함께하는 수업,

연습과 훈련을 하는 수업,

과정중심 형성평가를 하는 수업,

에듀테크를 수업에 활용한다.

그리고 항상 감사하는 수업에 대하여 제시한다.

행복해지는 교사의 7가지 수업을 알아보고,

수업 방법과 사례를 살펴본다.

행복해지는 교사들의 **7**가지 **수업**

행복해지는 교사의 7가지 좋은 수업을 안내한다.

T자로 시작하는 영어단어 7가지를 선정하였다. 수업시간에 실천하면서 행복해지는 교사가 되길 기대한다.

행복해지는 교사의 7가지 수업(7T)을 나열한다.

첫째, Think, 생각하는 수업

둘째, Talk, 대화를 주고 받는 수업

셋째, Together, 함께 참여하는 수업

넷째, Train, 연습과 훈련하는 수업

다섯째, Technology, 에듀테크 활용수업

여섯째, Test, 과정 및 형성평가를 실시하는 수업

일곱째, Thank You, 늘 감사하는 수업

교사의 수업은 삶(Life)이고 업(業)이다.

교사는 수업하며 학생을 가르친다. 성찰을 반복하며 성숙해지고 성장한다. 평생 수업을 위해 노력하고 책임감으로 사는 삶이다. 수업은 학생에게 모르는 것을 알려주고 깨닫도록 하는 시간이다. 배워서 알려주는 것으로 만족하는 삶이다.

교사의 수업에는 5심(五心)이 존재한다.

교사는 스스로 양심(良心)에 따라 열심(熱心)히 하는 게 본분이다. 사명감을 잃지 않는 초심(初心)과 학생들과 함께 하는 합심(合心)이 근본이요, 교육에 철학을 지닌 중심(中心)을 잡고 교육하는 것이다.

교사는 수업시간이 행복하면 이게 전부다.

교사는 교실이라는 공간에서 학생과 함께 행복한 삶을 유지하는 것이다. 학생과 상호작용이 전부다.

행복해지는 교사의 7가지 수업(7T)을 기술적으로 적절하게 활용하면 좋겠다는 제언을 한다.

모두 다 알면서 실천하지 않는 수업일 수 있다. 어설프게 알더라도 용기를 내어 실천하며 성장하는 것이 중요하다. 도전하고 성취하고 반복하는 게 수업이다.

[본시 수업의 흐름도] 예시이다.

수업시간의 학습 단계는 도입, 전개, 정리 및 평가로 이루어진다. 이 시간이 학생과 함께하는 활동하는 시간이다.

수업시간 행복해지는 7가지 기술을 적절하게 활용하길 바라며 예시를 제시한다.

본시 수업 흐름		교수·학습 활동	시간
도입	전시학습확인 동기유발 학습목표제시	– 인사 및 출결확인 **1. Think** **2. Talk**	
전개	학습활동① 설명, 예시 학습활동② 시범, 사례 학습활동③ 체험, 경험	**3. Together** **4. Train** **5. Technology** **6. Test**	
정리 및 평가	정리하기 형성평가	**7. Thank You** – 차시예고	

수업에 왕도는 있을까?

수업의 정답을 구하고, 왕도는 찾아야 한다.

수업에는 정석과 정성이 있다. 수업을 마치면 완전학습을 유도하는 게 정석이고 정성이다.

수업시간 완전학습을 어떻게 하지?

수업 시간 무엇을 가르칠 것인가?

어떻게 가르칠 것인가?

수업에 모범 정답은 없다.

궁리하고 연구하는 게 교사의 사명이다.

교사의 개인 능력에 따라 다른 것이 수업이다.

자 이제부터 연구를 하고, 함께 알아보자.

수업 시간에 이제부터 제시하는 행복해지는 교사의 7가지 수업방법을 적절하게 활용하길 기대한다. 수업을 완벽하게 하는 방법이 아니라 수업을 완성하는 과정으로 이해하길 바란다.

교수·학습 활동을 통하여 행복한 교사로 살아가기 위한 하나의 방법이라고 생각하길 바란다. 스마트한 교사가 스마트한 학생을 위하여 '행복해지는 교사의 7가지 수업(7T)'을 구체적으로 나열한다.

1. Think

생각하는 수업

생각할 시간을 주는 수업이 필요하다.

교사는 수업 시간에 교과의 학습 내용을 가르친다. 수업 시작종이 치면 교실로 가서 인사를 한다. 모두 즐겁게 받아들이길 기대한다. 시작은 보통 지난 시간 배운 내용에 대한 기억을 되살린다. 방법은 질문으로 호기심과 학습 동기를 유발한다.

생각하는 시간을 주고 묻고 대답을 유도한다. 확산적인 질문과 수렴적인 질문을 적절하게 사용한다.

질문에 대답하는 학생은 주로 기억력이 우수한 학생들 이거나 지난 시간에 궁금한 것이 있으면 질문을 많이 한 학생들이 대부분이다. 어떤 학생들은 기억조차 없을 수 있다.

기억을 되살리려면 질문하는 수업, 질문을 만드는 수업이 필요하다. 질문은 생각하게 한다. 기억을 떠오르게 만든다.

수업 시간은 생각하는 시간이다. 사색하는 시간이며 여유로운 시간이 되어야한다.

진도 나가기 급급하면 사고력이 발달할까?

교사는 수업시간에 학생들이 집중 하지 않으니 다양한 방법을 시도한다. 수업 시간 집중하는 능력은 개인차가 크다.

관심과 집중을 위하여 궁리를 많이 한다. 최근에는 흥미를 유발하는 놀이와 활동 중심 수업이 대세를 이루고 있다. 게임을 활용한 수업도 증가하고 있다. 수업시간 학습에 참여를 유도하는 방법이다. 학생과 상호작용하는 수업을 지향한다. 동료교사와 함께하면 쉽게 해결할 수 있다.

동료교사는 든든한 지원군이다.

사무엘 스마일즈는, "사람은 생각을 바꾸면 행동이 바뀌고, 행동을 바꾸면 습관이 바뀌고, 습관을 바꾸면 인격이 바뀌고, 인격을 바꾸면 운명이 바뀐다."라는 명언을 남겼다.

생각이 나의 운명을 좌우한다는 의미다. 지금 갖는 생각을 통하여 좋은 미래를 바꿀 수 있다. 그리고 생각을 행동으로 옮길 수 있다면, 미래를 바라볼 수 있는 것이다. 내 생각대로 된다는 뜻이다. 생각과 행동의 실천을 강조한 말이다. 생각은 힘이 있는 것이다.

수업시간 무엇을 가르치나?

수업시간 의미는 무엇인가?

수업은 왜 하지?

생각하는 수업, 질문하는 수업, 질문을 만드는 수업이 필요한 시점이다. 생각을 말로 하거나 글로 작성하는 수업이다.

"나는 생각한다. 고로 존재한다."는 데카르트의 말이다.

생각은 중요하다.

특히 할 수 있다는 생각이 기본 중의 기본이다. '나는 못해', '나는 할 수 없을 것 같은데'. '안 해봐서' 이유는 가지가지다.

생각은 자신감의 시작이다. 생각은 생각하면 생각이 난다. I can do it !   You can do it !   We can do it !

어떻게 하지?

왜 그렇지?

공부의 이유를 생각한다. '공부 왜 하지?'를 생각한다. 궁금하지? 궁리하면 된다. 질문하면 된다.

왜?

질문을 자주한다. 모르면 질문하면 된다. 기본적인 질문과 본질적인 질문을 유도한다. 질문하면서 사고력이 발달한다.

비판적 사고력은 정해진 답이 아닌 새로운 것을 묻고 답을 찾는 과정에서 발달한다. 수업 시간 이런 과정을 통하여 옳고 그름을 판단하게 된다. 뿐만아니라 질문을 통하여 꼼꼼하게 따지고 분석하면서 사고하게 된다. 궁금한 점이 있으면 쉽게 질문하는 수업분위기를 형성한다.

묻고 질문하고 대화하는 수업이 되길 기대한다.

수업 시간에는 생각할 시간을 주고 글로 쓰게 하거나, 말하게 하는 대화하는 시간을 제공한다. 친구와 주제를 가지고 대화를 하면 생각하게 된다. 생각을 주고받는 시간, 소통하는 시간이 수업시간이다.

"네 믿음은 네 생각이 된다. 네 생각은 네 말이 된다. 네 말은 네 행동이 된다. 네 행동은 네 습관이 된다. 네 습관은 네 가치가 된다. 네 가치는 네 운명이 된다."라고 간디는 제시했다. 생각을 주고받는 게 가치가 크다는 의미다. 생각이 운명이된다. 수업시간 질문이 습관화되길 기대한다.

무엇인가 문제를 생각하는 게 공부의 시작이고 해결책을 찾는 게 진정한 공부이다. 문제 해결 능력이 생긴다. 다 잘 될 것이다. 긍정적인 사고방식이 중요하다. 수업시간에 질문하고 대화하고 생각하는 시간이 으뜸이다. 수업 중 학생들의 경험과 관련지어 다양하게 생각하고 많이 발표할 수 있도록 유도한다. 삶과 연계한 수업이다.

'플라시보 효과(placebo effect))'라는 표현이 있다.

플라시보는 치료에 전혀 도움이 되지 않는 가짜 약제를 심리적 효과를 얻기 위하여 환자가 의학이나 치료법으로 받아들임으로써 실제로 치료 효과가 나타나는 현상을 말한다.

생각하면 '생각대로 이루어진다'라는 의미다. 수업시간 생각을 많이 하게 하면 생각나는 게 생각이다. 생각하는 능력을 길러야 한다. 생각할 때 사고력이 발달한다.

생각은 창의성의 발달이다. '다르게 봐라. 고정관념을 깨라. 질문을 하라.' 궁금해지면 호기심이 생기고, 궁금하면 묻는 게 공부다.

그림을 보여주고 질문하고 또 질문하고 깊게 많은 질문을 한다. 한마디로 파고든다. 본질적인 질문으로 유도한다.

평소에 해보지 않은 방법이라 하더라도 자꾸 해보면 시행착오를 거쳐 달인이 되는 게 교사의 수업이다. 처음부터 잘하는 경우는 없다. 교사도 반복과 훈련의 결과가 좋은 교사를 만드는 것이다.

누가 질문을 많이 해야 할까?

수업 시간은 이런 것이다. 말로 친구와 함께 표현 하게 하고, 글로 쓰게 하고, 그림으로 표현하는 게 수업 시간이다. 대부분 이런 것을 활용하며 수업을 잘하고 있다.

다만 학생들은 외워서 시험 보고 점수로 나오면 그게 실력이라고 착각한다. 평가 결과 점수이지 진정한 실력이 아니다.

진정한 실력은 학력(學力)이다.

학력(學力)은 배우는 능력이다, 배우고 익히는 학습능력이 중요하다. 능력은 길러지는 것이다. 규칙적인 습관이 중요하다.

'간절히 원하면 이루어진다'라는 표현이 있다.

'피그말리온 효과'이다.

피그말리온 효과(pygmalion effect)는 교육심리학에서 심리적 행동의 하나로 교사의 기대에 따라 학습자의 성적이 향상되는 것을 말한다. 교사가 기대한 대로 학생이 변한다는 기대 효과라고도 한다. 믿는 대로 이루어진다는 의미다.

학생들을 믿고 무엇이든 질문하면 된다.

질문하고 기다린다. 답 할때 생각하도록 여유있게 시간을 준다. 발표하면 고개를 끄덕이며 경청한다. 처음엔 어렵지만 즐겁고, 재미있고, 신나는 행복한 수업이 된다.

생각하는 학생, 질문하는 학생을 키우도록 노력해보자. 질문을 한다. 대답하지 않으면 글로 쓰게 하며, 옆 학생과 바꿔서 읽도록 한다. 다른 점을 질문하게 하고 대화를 유도한다. 짝과 대화하며 질문하고 상상하는 시간을 제공한다.

Einstein은 "상상력이 지식보다 중요하다."라고 표현했다.
생각이 제일이다.

교사는 학생의 생각을 표현하고 키우는 Thinker이다.
생각하도록 질문하는 질문자이다.
Teacher는 Thinker이다.

Think
생각하는 수업을 하자.

2. Talk

대화를 주고 받는 수업

대화를 주고받는 수업이 필요하다.

수업 시간은 학생들과 이야기하는 시간이다. 학생과 대화하듯이 설명하고 수업을 진행한다. Talk는 상호작용이다.

수업시간 학생과 소통에 집중하고 수업하면 정서적 교감이 가능하다. 공감하는 시간이다. 경청과 공감은 따뜻한 관계이다.

교사는 학생과의 관계가 제일이다. 관계는 교육자의 기본 자세이다. 관계가 어긋나면 행복한 학교생활을 하기가 어렵다. 서로 이해하고 소통할 수 있는 관계가 중요하다.

교사 학생의 관계는 교육의 시작이요 끝이다.

관계는 대화이고 교육의 근본이며 교육의 전부다.

학생들에게는 수업시간에 왜 배워야 하는지를 알려줄 수 있어야 한다. 수업시간 의미를 이해시켜야 한다.

'시험을 치르는 과목이다', '수능에 출제되는 중요한 과목이다'라며 가르치면 교사가 수업을 잘한다고 할 수 있을까?

교육의 의미에는 교과 지식과 여러 가지 기능과 기술, 삶에서의 태도의 함양이 중요하다.

교육자는 철학과 사명감이 있어야 한다.

탈무드에 "인간은 입이 하나 귀가 둘이 있다."라는 표현이 있다. 교사는 말로 가르치는데 어찌하란 말인가 묻고 싶을 것이다. 이는 말하기보다 듣기를 두 배 더하라는 뜻이다.

수업 시간 적게 말하고 학생들에게 말을 많이 하게 해서 지식의 오개념, 난개념을 바르게 가르치는 것이 수업 시간이다. 수업 시간 내내 교사만 설명하는 수업은 학생들에게 지루하게 느껴질 수 있다. 재미도 없게 된다. 학생들은 토론하고 논쟁하는 과정을 거쳐 올바른 인성을 지닌 민주시민으로 성장할 수 있다.

어떻게 수업할까?

강의법, 문답법, 토의 토론 수업, 하브루타 수업, 프로젝트 수업, 문제해결력 등의 다양한 방법을 적절하게 적용하는 게 필요하다.

청소년은 밥을 먹고 신체가 성장한다.

지식은 교사의 말을 듣고 책을 보며 다양한 경험과 학습으로 쌓인다. 밥을 먹고 신체가 자라듯이, 지식을 먹고 지혜가 자란다. 교과 지식은 배우며 성장하면서 지혜로운 사람이 되는 것이다. 배워서 남 주는 게 교사다. 교사는 지식을 전달하지만, 보약은 따로 있다. 학생들에게 좋은 말, 격려하는 말, 지지하는 말, 인정하는 말이 더욱 크게 자라게 하는 보약이다. 대화는 지시하는 게 아니고 주고 받는 캐치볼이다. 수업시간 대화의 중요성을 말한다.

수업시간 질문은 몇 번 할까?
어떤 질문을 할까?
어떻게 질문을 할까?

수업시간 질문을 적절하게 해야 한다. 질문하는 방법도 다양하다. 수렴적 질문에서 확산적 질문이다. 단순 질문에서 본질적 질문을 하는 것이다. 내 수업시간에 질문을 많이 하는 습관을 갖자. 내 수업을 녹음해 보자. 내 수업을 들어보고 모두 작성해 보면 내 수업의 상황을 제대로 확인할 수 있다. 학습의 효율성을 높이는 방법을 궁리하자.

또한 말로 친구들과 설명하기가 곤란한 학생들은 그림으로 표현하고 발표하면 된다. 궁하면 통한다. 궁리하면 방법은 다 나온다.

우문현답(愚問賢答).

우리 교육의 문제는 현장에 답이 있다.

수업시간 대화나 말의 희망사항을 나열한다.

수업 시간에 말로 소통이 되는 교육은 관계형성이 잘 된 교실이다. 어느 교실은 학생과 소통이 되지 않는다. 수업이 좀 더 풍성해지려면 미소를 지으며 관계를 잘 맺어야 대화가 잘 이루어진다. 학생들에게 긍정적인 말, 격려의 말, 인정과 지지하는 말을 하는 긍정적인 태도와 습관이 중요하다.

희망적인 말, 격려의 말, 축복의 말, 감사의 말, 지지의 말, 인정의 말, 고맙다고 말하는 좋은 말을 하며 지내고 싶다.

과거의 추억인지 치욕인지 말을 잘못한 기억이 난다.

나의 과거 말에는 격려보다 무시를, 감사보다 냉담함을, 지지보다 비난했던 것이 기억난다. '이것도 못 해' 잘못하면 혼내고 무시하고 욕설도하고 그랬다. 수업시간 딴짓하거나 무엇을 잘 못하면 '왜 그랬을까?', 생각을 했어야 하는데... 부끄럽고 안타깝고 미안하다. 인내하지 못하고 인정하지 못하고 수업시간 한 장면만 보는 부족함이 많았던 교사였다.

이제는 말 할 수 있다.

부족하고 미숙한 교사였다.

학생들은 미성년자이다. 내게 보이는 것은 빙산의 일각이다.

미래 어떻게 될지 전혀 모른다. 지금까지의 경험으로 터득한 것이다. 미리 알았더라면 좋았을텐데....

"가는 말이 고와야 오는 말이 곱다."는 속담이 있는데도 불구하고 당시 수업시간엔 잊고 살았다.

'다 그렇지 뭐', '그럴 수 있지', '이 또한 한 때이다', '아직 커가는 중이로구나', 미 성숙한 학생이니 당연하게 생각한다.

다양한 학생들의 톡톡 튀는 행동, 투덜대는 학생, 모두 품어야 하는 게 교사의 사랑하는 마음이다. 측은지심이 지금의 내 마음이다. 칭찬을 자주하며 지낸다.

교사는 수업을 한다.

교사가 짧은 시간에 많은 지식을 전달하기 위하여 강의법을 많이 사용한다. 강의법은 교수법 중에 가장 선호하는 교수법이다. 교사는 내용을 설명하니까 학생은 잘 듣는다. 지식을 외우고 시험 보면 되는 수업 시간이 많다. 저자도 수업 시간 강의식을 많이 했다. 이는 잘못이 아니라 교과 내용에 따라 필요할 때는 당연한 것이다. 하지만 조금씩 다른 방법을 추가하여 하나씩 시도한다. Talk를 자주 한다. 조금씩 다른 방법을 추가하여 수업 개선을 시도한다.

교사는 늘 수업을 궁리하느라 바쁘다.

사실은 수업을 연구할 시간도 별로 없다. 이제는 수업을 연구하는 시간을 제공해야 한다. 업무는 줄이고, 교사 수 늘리고, 학급 학생 수 줄여야 한다. 이는 교육 개혁 변화의 시작이다. 대한민국이 이렇게 된다면 학교 문제의 모든 게 제대로 해결 될 것으로 기대한다.

학습과 기억에 대한 학습 피라미드(Learning Pyramid)의 연구 발표자료이다.

학습 피라미드는 미국 MIT대학 사회심리학자 레윈(Lewin)이 세운 응용행동과학연구소인 미국행동과학연구소(NTL : the National Training Laboratories)에서 발표한 것이다. Learning Pyramid 란? '외부 정보가 우리의 두뇌에 기억되는 비율을 학습 활동별로 정리한 것이다. 이 학습 피라미드는 다양한 방법으로 공부한 다음에 24시간 후에 남아 있는 비율(Retention rate)을 피라미드로 나타낸 것이다.'

학습 피라미드(Learning Pyramid)결과를 살펴보면, 단순히 학습내용을 듣고, 읽는 것으로는 10% 밖에 기억하지 못하고, 강사가 시청각 자료를 이용해 강의하는 것을 보면 기억을 20~30%까지 끌어올릴 수 있다.

학습 효율을 높이려면 시범강의, 집단토의, 실제 해보기, 말로 설명하기 등 활동을 해야 학습 효율을 최대로 높일 수 있다는 결과이다.

수업시간에 집단토의, 실제 해보기, 말로 설명하기 등 학생 중심의 참여 수업이 필요하다는 연구 결과이다.

학습 효율을 높일 수 있는 학습법으로 서로 가르치기 방법이다. 짝과 함께 이야기하며 설명하기다. 서로 질문을 하자. 학습목표를 질문하고 이해했는지 설명할 수 있도록 친구에게 설명하게 한다.

기억에 이보다 좋은 방법이 있을까?

수업시간은 정해져 있고, 성취기준을 모두 가르치려면 교수방법을 생각해야 한다. 가르칠 내용이 많으니 여러 가지 교수법 중에 강의법이 주로 활용되고 있다. 이 방법으로 교육할 수밖에 없는 상황이 전개되고 있다. 내 생각이 잘못되기를 바란다. 시험위주의 입시교육을 하고 있기 때문이다. 그렇지 않는 과목과 교사도 있겠지만 소수라고 생각한다.

수업시간 대화가 필요하다.

특정 주제를 가지고 대화를 하면 생각하게 된다. 내 생각과 다른 사람의 생각이 같을 수 있지만 다르기도 하다. 대화를 주고 받는 시간, 소통하는 시간이 사고하는 역량을 기른다. 질문을 할 때 내 주장을 다른 사람에게 분명하게 전달할 수 있어야 한다. 토의·토론은 민주시민 양성에 기본이 되는 교육이다.

의사소통 능력은 질문하고 경청하고 공감하는 것이다. 수업 시간 대화하고 생각하는 시간을 제공하는 방법을 궁리하자. 대부분 교사는 잘하고 있지만 그렇지 못했던 교사는 이제라도 단 몇 분이라도 수업 시간에 학생들끼리 토의하는 시간을 주자.

수업시간 행복하십니까?

수업 시간에 학생들이 집중하는 태도, 경청하는 자세, 고개를 끄덕거리는 것, 복도 지나칠 때 미소 지으면 인사하는 것, 만나면 반갑게 눈인사하면 교사는 신바람 난다.

교실에서 수업 시간 기쁨이 이런 것이다.

요즈음 카톡으로 대화를 많이 한다. 카톡이나 SNS 메시지는 간단한 소통이 가능하다. 매우 짧은 글을 나눈다. 대부분 편리해서 사용한다. 이런 소통 방식은 용건만 간단히 이다. 할 말도 없고 전하고 싶은 말도 없는데 메시지가 오는 경우도 많다. 이런 경우는 일방통행이다.

대화는 쌍방이 제일이다. 의사소통은 쌍방향 대화이다. 만나거나 전화하면서 긴 대화를 하면 서로의 의사소통으로 생각을 나누게 된다.

학생의 생각을 알기 위해서는 질문하고 대화를 하는 것이다.

수업 시간은 대화가 중요하다. 대화가 없이는 어떤 일도 일어나지 않는다. 무슨 생각을 하는지 잘 모른다. 서로 소통하는 교육은 즐겁다.

어느 표어 중에 이런 글이 있다.

'툭툭 치지말고 톡(talk)톡(talk)하세요.' 멋진 문구이다.

글에 대한 창의성이 대단하다.

Talk를 제대로 하려면 긴 시간이 필요하다. 대화는 다양한 의견이 나오게 하며 가치를 확립하는 대화기술도 필요하다.교사도 질문하고, 학생도 질문하고, 궁금해하는 점을 서로 질문을 많이 하자.

수업 시간에 배운 내용을 친구 가르치기 시간을 주자.

짝과 함께 서로 설명하도록 시간을 주고, 설명하는 기회를 준다. 잘 듣는 경청이 예를 지키는 기본이다.

학생들의 생각의 차이는 당연하다. 서로 인정하고 존중하는 교실 문화가 필요하다. 대화는 비판적인 사고력을 발달시키는 기회이다. 내 생각과 네 생각의 차이를 알고 옳고 그름을 판단하는 것이다. 잘 듣고 이해하며 생각을 표현하는 말을 주고받는 게 소통이고 존중이다. 인성교육은 서로 경청하고 존중하고 인정하는데서 출발한다.

수업시간 Talk을 하게 하는 시간을 충분히 제공해 준다.

Talk하는 오늘이 어제보다 발전하기를 기대한다.

Talk

대화를 주고 받는 수업을 하자.

3. Together

함께 참여하는 수업

함께 참여하는 수업이 중요하다.

수업 내용은 개인별로 이해하지만 수업은 함께하는 것이다.

함께 수업하면 이해의 속도가 빠를 뿐만 아니라 미래 사회에 필요한 역량이 함양된다. 수업 중 조별로 팀을 이루어 조별 활동하고, 하나의 작품 만드는 과제를 하며 개인별 평가하는 방법을 구상한다.

교실에서 팀을 이루어 학습하는 방법이 필요하다. 대부분 이렇게 할 수 없는 코로나 환경이었지만 이제는 가능해졌다.

수업 시간 함께하는 배움은 이때 가장 좋은 환경이다.

학교는 협력하는 방법을 가르치고 배우도록 수업을 디자인 한다. 학교 교실의 협동학습 환경으로 바꾸자.

헨리 포드는 "같이 모이는 것은 시작이다. 함께 있는 것은 발전이며, 같이 일하는 것은 성공이다."라고 언급했다. 같이 일하는 것이 성공이다. 같이 하면 가치가 있는 것이다. 성공적인 수업을 위하여 함께하는 방법을 구상한다.

수업시간에 학생들이 팀 활동 등을 할 수 있는 수업 디자인이 필요하다. 학교는 친구들과 어울려 지내는 곳이다. 수업시간 친구들과 어울리며 사회성을 기를 수 있다.

Teacher는 Team을 조직하여 함께하는 환경을 조성한다. 조별학습이다. 친구와 함께하는 Together이다. 예를 들면 체육대회를 한다고 하면 줄다리기할 때, 단체 줄넘기 등을 한다. 또한 합창하기 등 함께하는 방법은 많다.

수업 시간에는 팀 프로젝트할 경우에는 협동정신을 배우고 협력하게 된다. 이때 배우는 게 많다. 내가 무엇을 하느냐 보다 친구와 함께 하는 게 중요하다. 조별 수업하거나 팀 프로젝트 과제에는 무임승차하는 학생도 있게 마련이다. 더 관심을 주고 사랑을 준다. 팀에 기여할 수 있는 역할분담을 하도록 토의하여 결정하면 잘 굴러간다.

사진찍기, 그림그리기, 준비하기 등을 하게 분담한다. 과제를 잘 해결하는지 수업 시간 교사의 자세한 관찰 능력이 필요하다. 자세하게 보고 오래 봐야 한다.

개인별로 관찰한 사실을 기록하는 개인별 수업관찰기록부에 표시한다. 학생 명렬표이다.

조별 평가는 구체화하여 개인별로 평가할 수 있다. 조별 평가는 협업 능력 평가이고, 역할 분단하는지 구체적으로 관찰한다. 팀 프로젝트 과제도 공정하게 평가하려면 동료평가를 한다. 동료평가 방법은 교과별로 다르므로 발표, 산출물 등 우수 3팀정도 선정할 것인지 나름대로 궁리해야 된다.

학생들은 평가를 모두 잘 받고 싶어 한다.

모둠활동의 경우 평가 점수는 모둠원 거의 같게 하지만, 무임 승차하지 않도록 수업 디자인을 하고 개인별 활동을 주의 깊게 관찰하고 개인별로 보고서를 따로 작성하게 하여 모둠 안에서도 개인별 피드백을 줄 수 있다. 피드백은 전체적으로도 하고 모둠별, 개인별로 수업 과정에서, 수업 후에도 피드백을 수시로 한다. 피드백은 다음 수업을 수정하거나 보완하며 도움을 준다.

피드백 방법은 다양하다. 즉시 질문으로 하는 방법, 활동지에 기록하게 하는 방법, QR 코드 제시하여 기록하게 하는 방법, 구글 클래스룸의 설문지 시스템을 사용하여 해당 차시 기록하는 방법 등 선택하여 실시한다. 휴대전화로 과제수행 내용을 찍어 제출하는 방법도 있다.

수업 시간 함께하는 배움은 필수이다. 교육은 학교의 책임만은 아니다, 가정과 학교, 본인에게도 있다. 그래서 가정-학교-지역사회 소통과 협력이 중요하다. 학교는 개인을 성장시키며 사회 전체를 발전시키는 역할을 한다.

학교는 협력하는 방법을 가르치고 배우도록 수업을 디자인 한다.

그리스 철학자 아리스토텔레스가 '인간은 사회적 동물이다'라고 표현하였다. 함께하는 것이 중요하다는 의미다. 사회의 축소판이 학교다. 학생들이 협업하여 살아가는 것이 교실이다.

사회 조직에는 팀이 존재한다. 팀을 이루는 생활은 학교에서 출발한다. 학생 개인별도 존중받고 지내지만, 팀을 이루는 교실에서 함께하는 삶을 배우는 것이다. 팀의 역할과 개인의 존중이 공존하는 곳이 협동학습이다.

수업시간에 함께하는 것을 배우는 홍익인간의 삶을 사는 것이다.

아프리카 속담에 "혼자 가면 빨리 가고 함께 하면 멀리 간다"라는 말이 있다. 가정에서는 가족과 함께, 학교에서는 친구와 함께, 사회에서는 사람들과 함께 삶을 살아가는 것이다.

모두 함께하는 Together이다.

수업시간은 역할 분담 하여 과제를 해결하도록 한다. 교사는 팀원들이 잘 할 수 있도록 시간을 주고 도와주는 것이다. 수업에 참여하도록 철저하게 돕는 역할을 한다.

　교사의 역할은 퍼실리테이터(facilitator)이다.
　Teacher는 학생과 함께하는 수업시간이다. 교실에서 함께하는 환경을 위하여 Team을 조직한다.
　Team은 친구와 함께하는 Together이다.
　친구와 함께 공감하고, 친구의 말을 경청하고, 친구와 함께 대화하는 시간이 수업시간이다.

　수업 시간, 교사와 함께, 친구와 함께,
　Together
　함께 참여하는 수업을 기대한다.
　Together
　함께 참여하는 수업을 실시하자.

4. Train

연습과 훈련이 필요한 수업

연습 하고 훈련하는 수업시간이 필요하다.

수업은 가르침이요, 배움이다, 한 번 듣고 이해하는 자는 세상에 그리 많지 않다. 반복 연습이 필요하다.

수업시간에는 가르친 내용을 익힐 시간을 주어야 한다. 스스로 소화 시킬 수 있는 자습 시간을 주어야 한다. 배운 내용을 이해하도록 수시로 피드백해야 한다.

교사가 가르칠 내용은 정해져 있다. 교과내용 진도를 모두 언급해야 하며 학교 여건에 따라 재구성하여 가르친다.

Trainer의 사전적 의미는 "지도자, 코치해주는 사람이라는 뜻의 영어단어이다. 현재는 주로 육체적인 단련의 지도나 교육을 중점적으로 하는 사람을 지칭한다."[3]

"훈련 또는 트레이닝(training)은 자기 자신이나 다른 사람에게 특정한 유용한 능력과 관련한 능력, 지식을 교육하고 계발하는 것"을 말한다. 훈련은 특정한 목표가 있다.

"운동을 개인적으로 지도해주거나 훈련을 시키는 사람으로 불린다. 육체적 훈련, 군사 훈련, 교육 훈련 등의 용어로 많이 사용한다."[4]

교사도 수업 시간에 교육한다는 것은 일종의 훈련을 시키는 것과 같다. 교육한 내용을 더욱 잘하게 하여 능력을 계발하는 것이다. 수업은 훈련과 같은 것이다. 훈련은 교육자의 의도대로 하는 것을 말한다. 교육은 수요자의 필요한 것을 가르치고 배우는 것을 말한다. 훈련과 교육의 융합과 조화가 잘 이루어져야 할 것이다.

교실 수업은 생방송이다. 중요한 부분은 반복해서 수업도 한다. 수업에 집중하고 완벽하게 이해해야 기억되고 지식으로 체계화되는 것이다. 시험을 준비한다고 생각해보자. 배운 내용을 반복 학습 통해 얻어지는 게 시험성적이다. 학생들은 반복해서 행하는 것이 시험공부라고 한다. 반복하여 연습하는 노력이 중요하다. 부단한 노력은 배신하지 않는다.

수업시간 배운 내용을 익히도록 연습하고 훈련할 시간을 충분히 주면 학습의 효과성이 좋다.

핵심을 요약하게 하는 시간을 주자.

수업 내용을 익히는 훈련하는 방법이다.

글로 쓰는 방법, 말로 설명하는 방법, 그림을 그려 표현하는 방법 등 발표하는 방법도 있다. 수준별로 학습지를 제공하는 방법 등 다양하다. 수업은 생방송으로 진행되기에 시행착오를 최소화하기 위해 사전 준비를 철저히 해야 한다.

교사의 목표는 학생들의 성취 수준을 향상시키는 것이다.

수업시간 완전학습을 유도하면 좋다. 성적 결과는 시험을 치러야 알 수 있다. 시험성적은 학생이나 학부모에게 진학에 관해서 상담하는 자료로 사용한다.

교사 입장에서는 교과내용 진도를 나가면 할 일을 다 하는 것이다. 교사는 연간운영계획에 주중에 진도 나가야 할 기준이 정해져 있다. 이를 위해 달성해야 할 교과 성취 목표가 있다. 그래서 교사는 수업 중에 이유 없이 수업 진도에 방해가 되는 행동을 학생이 하면 은근히 화가 난다. 교사에게 피해준다는 생각에 학생을 미워하게 된다. 나의 경험이다. 이렇게 지내면서 스스로 교사의 책임을 다한 것으로 생각한 적도 많았다. 이제는 아니다.

교과 진도보다 중요한 것을 이제야 알게 됐다.

교과 진도 목표보다는 현재 학생들과의 관계를 중요하게 여겨야 한다. 과거로 갈 수 없으나 이제라도 잘하고 싶다. 그래서 이런 내용을 기록하고 책을 쓴다. 알리고 싶다. 나의 잘못한 경험을 하지 말고 좋은 교사로 살아가라고. 이렇게 하는 것도 나쁘지 않은 교육이라고 생각해서 글을 쓴다.

교사는 교과 지식을 가르치고, 다양한 기능을 길러준다. 미래 사회에 필요한 역량을 함양하도록 해야 한다. 학생으로서 갖추어야 할 올바른 태도를 함양시킨다. 수업시간에는 안내하고 시범을 보이고 자세하게 설명한다.

학생의 입장을 살펴보자.

학생은 수업시간 내용이 생전 처음 듣는 내용일 수 있다. 사전 지식도 없어도 이해가 잘 되면 천만다행이다. 이해가 안되가 모를 수 있고 오해도 한다.

시간이 지나면 기억되지도 않는다. 배운 내용을 오래 기억하지 못한다. 그래서 수업시간에 이해해야 한다. "사전 지식도 없고 모르는 데 질문하면 창피하지, 저것도 모른다고 놀릴 것 같지, 에라 모르겠다 가만히 지내는 게 상책이다." 라고 생각하고 가만히 있는 게 오늘날의 중·고등학교 교실 상황이다.

수업 시간 중에는 연습과 훈련이 필요하다. 알면 가르쳐 주고 모르면 친구한테 듣고 배우는 시간이 필요하다.

서로 알려주고 질문하는 수업이다.

수업 시간 중에 친구 가르치기 시간을 주고, 이 시간에 서로 알려주고 이해하게 한다.

체험학습이나 메이커 산출물 제작하는 수업은 모여서 함께하면 완성을 잘한다. 운동이나 춤, 체조 동작은 따라하게 가르치면 된다. 이제는 연습하고 훈련하는 수업시간을 유지한다. 연습과 훈련은 학습 내용을 반복하는 것이다.

헤르만 에빙하우스(Hermann Ebbinghaus, 독일 심리학자)의 망각 곡선 연구가 유명하다. '복습을 하지 않으면 학습한 내용은 시간이 지남에 따라 급격하게 잊어버리지만 주기적으로 복습을 하면 시간이 지날수록 점점 잊어먹는 속도가 느려져서 결국에는 거의 잊어먹지 않는 장기 기억이 된다.'는 것이다.

반복하는 학습을 강조하는 기억 방법이다. 수업시간 완전학습을 유도하며 지내는 방법이다. 그래도 잘 모르면 교사가 심화학습으로 알려주고, 모든 수업시간이 이러하면 학생 모두 완전학습을 유도할 수 있도록 노력한다.

교사의 설명을 듣고 말로 친구 가르치기, 친구에게 설명 듣기, 문제 풀기, 질문하기, 문제 확인하기, 빙고게임, 배운 내용 글쓰기, 요약하기를 할 수 있도록 여유롭게 수업을 운영하자. 진도 나가기 급급하면 교육 격차는 더 벌어진다.

가수의 노래는 한 두 번 불렀을까?

운동선수가 훈련이나 연습을 한두 번 했을까?

악기를 다루는 자도 마찬가지이다.

예를들면 메이커 수업, 체육 시간 체조나 운동, 댄스 수업, 수학 문제 풀이, 영어 회화, 코딩 모두 마찬가지이다. 반복을 통한 연습과 훈련이 능력을 향상시킨다. 연습은 학습 내용을 익히는 지름길이다. 계속해서 반복하고 다시 하는 게 연습과 훈련이다. 미래 사회에 필요한 역량 함양도 반복 연습과 훈련이 필요하다. 교육은 정해진 길이 없다. 다양한 길을 경험하면서 성장한다.

설명을 듣고 모형처럼 제시된 작품을 보고 따라하기, 실험을 순서대로 하는 것, 직접 해보기 체험을 꾸준히 해야 작품이 완성된다. 다시 하고 또다시 하는 게 연습과 훈련이다. 예술도 모방에서 시작하여 자신만의 창의적인 작품이 나오듯이 좋은 것을 따라하고 반복하다 보면 새로운 문이 열리고 길이 보일 것이다.

학습(學習)의 의미를 다시 되새기자. 학(學)은 배운다는 의미다. 책과 교사 설명을 통해 배운다. 학습은 배우고 익히는 것이다. 배우기만 하면 시간이 지나면서 배운 내용을 잊어버린다. 당연한 현상이다. 이게 학습이다.

다시 에빙하우스 망각곡선을 언급한다.

학습 후 10분 후부터 망각이 시작되며, 1시간 뒤에는 50%가, 하루 뒤에는 70%가, 한 달 뒤에는 80%를 망각하게 된다.

교사는 수업을 준비하면서 공부하고, 다른 학급에서 반복하면서 가르치면서 공부하기 때문에 학습 내용은 온전히 기억한다. 남을 가르치게 되면 그 내용을 90%이상을 기억할 수 있다. 가르치는 것이 가장 좋은 배움의 방식이다.

학생들은 어떠한가?

배운내용 반복 학습하는가?

학습의 습(習)이다.

습(習)은 익히는 복습이다. 쉬는 시간 가정에서의 복습시간을 가져야 한다. 공부는 배우고 익히는 것이다. 수업시간에 연습하고 익히는 시간이 필요하다.

반복하여 학습 내용을 익혀야 기억된다. 기억의 방법에는 여러 가지 있지만 일단 스스로 익히는 방법이 좋다.

연습과 훈련을 겸비한 수업은 프로젝트 수업이다. 문제해결하는 과정을 거치는 창작 산출물 만들기 과정이다. 기술과목에서 주로 행하는 수업 방법이다.

프로젝트 수업이 어떤 현상이나 문제를 제시하면 학생들이 주제를 정해 탐구하는 수업이다.

교사는 아이디어를 관찰하고 질문하고 생각하게 조력한다. 탐구하는 과정에 협동하고 결과물까지 만들어내는 수업 방식이다. 직접 보고 생각하고 토의하여 보고서 작성하고 보고서는 보면서 발표하는 수업이다.

동료평가도 하고 교사평가도 한다. 교사는 오개념, 난개념을 확실하게 교육한다. 다시 한번 기억할 수 있도록 간단히 정리하는 시간도 제공한다.

수업 중 연습은 교과 내용 학습을 정확하게 알려주고 기억하게 도와 한다. 학생 개인차를 고려하여 능력에 알맞은 연습량을 제공하면 된다. 차근차근하게 설명하고 안내한다. 교사 또는 친구와 함께하면 된다. 연습의 효과는 높아질 것이다.

공부가 인생의 전부는 아니다. 그러나 인생의 전부도 아닌 공부 하나도 정복하지 못한다면 과연 무슨 일을 할 수 있겠는가?

그렇다고 공부를 모두 정복하라는 것은 아니다. 하고 싶은 것을 찾아서 정복하란 말이다. 잘하는 것을 정복하란 의미다.

다시 강조한다.

좋은 교사는 티칭과 코칭을 하는 자이다.

교사는 학생을 훈련시키는 코치이다. 티칭도 잘해야 하고 코칭도 한다. 코칭은 연습과 훈련을 하도록 안내한다.

무한 반복하여 제대로 알려줘야 한다. 반복에는 고통이 따른다. 이를 극복하도록 지지하고 격려하는 게 코칭이다.

학교에서 수업시간 공부 습관이 중요하다.

공부 습관이 학력(學力)이다.

학력이 바로 배우고 익히는 능력이다. 학력은 학습하는 능력이다. 학습 능력은 반복 학습의 꾸준한 결과이다. 꾸준하게 지속하는 노력은 학력(學力)이 저절로 향상된다. 초등학교 때부터 완전학습에 가깝도록 연습하고 훈련을 습관화해서 잘하기를 기대한다.

학교는 무엇하는 곳인가?

수업시간에 기본적인 습관을 가르치고 배우는 것이다. 수업시간 연습과 훈련이 습관화되도록 가르치는 게 교육이다. 최선을 다하도록 돕는 게 꿈을 이루는 첫발임을 알리는 것이다.

친구와 함께하는 시간은 즐겁다. 재미를 느낀다. 의미있는 수업시간이다. 우정과 행복을 느끼게 된다. 학교에서 행복한 수업시간을 유지하자. 교실에서 누적된 학습 습관이 능력이고 학력이다. 인성교육은 이런 수업에서 출발한다.

'1만 시간의 법칙'이라는 게 있다.

"하루, 1주일, 10년을 연습하고 훈련하면 꿈은 이루어진다는 이야기이다. 좋아하는 일을 꾸준히 연습하면 목표를 성취한다"는 법칙이다. 성공의 비밀은 끊임없는 연습이다. 매일 반복하는 연습과 훈련이다.

수업시간 반복하고 연습하는 습관으로 지식을 학습하는 것이다. 학습은 무한 반복이요 연습과 훈련이 중요하다.

Train
연습과 훈련이 필요한 수업을 실시하자.

진심경 9

5. Technology

에듀테크 활용하는 수업

기술 을 활용하는 수업시간이 필요하다.

수업은 기술이다. 기술은 수업의 효율을 높여준다.

코로나를 겪는 중에도 교육 현장에서 에듀테크의 활용하여 원격교육을 했다.

처음에는 불편하고 힘들었지만 적응하면서 이제는 능수능란하게 대부분 교사가 잘한다. 비대면 수업, 문제는 학생들은 누군가 관리하지 않으면 학습하지 않는다. 평가 결과 양극화가 심하게 나타났다. 등교해서 학습하는 게 그동안 교사들의 노력과 수고가 확인된 것이다.

에듀테크(EduTech)의미다.

교육(Education)과 기술(Technology)의 합성어로, 앞 글자를 합쳐서 '에듀테크(EduTech)'라고 표현한다. 즉 기술과 교육의 만남으로 학생들의 학습효과를 높이는 것이라고 한다. Technology을 활용하여 수업에 적용하는 기술이다.

에듀테크를 활용하는 교육은 과거로부터 시작되었다. 교육 공학 도구라고 하여 사용해 왔다. 오감을 자극하는 방법이다. 19세기부터 20세기 초창기는 괘도, OHP를 사용했다. 컴퓨터의 등장으로 CAI 프로그램 활용, 빔 프로젝트로 발전하여 오늘날에 이르렀다. 인터넷은 정보의 바다라고 한다. 알고자 하는 내용을 검색하면 다 제시한다. 다양한 사회 변화에 따라 수업자료와 방식 등을 꾸준하게 변화시켜 왔다. 영상을 직접 제작하는 교사도 많았다. CD로 보여주던 영상자료들은 이제 유튜브로 볼수 있다.

다양한 수업자료를 선택하여 수업시간 활용한다. 교육의 보조 수단으로 활용하고 있다. 인공지능 로봇도 마찬가지이다. ChatGPT등장이 너무 걱정만 해서 될 일이 아니다.

에듀테크의 종류도 다양하며, 에듀테크의 교육환경이 변화하고 있다. 예를 들면, 컴퓨터 또는 태블릿, 핸드폰을 활용하여 가상현실과 증강현실, 메타버스를 활용한 수업도 증가하고 있다. 디지털 전환 시대 교육의 방법도 점차 변화가 필요하다.

디지털 교과서가 등장한지 10여년이 지났다. 디지털 교과서는 수업관련 동영상, 360도 카메라, 증강현실, 가상현실 등을 이용하는 에듀테크 활용하는 수업을 제대로 활용 해야 하는 시기다. 좌충우돌은 정상이다. 디지털교과서는 특정 부분의 교육을 쉽고 재미있게 학습 할 수 있도록 만들었다. 활용 연수도 해마다 실시하고 있으나 현재까지는 많은 교사가 활용하고 있지는 않다.

디지털 교과서 개발과 보급을 하지만 학교에서 활용의 효과가 어느정도 인지 궁금하다. 2025년부터 디지털 교과서를 사용한다고 교육부에서 발표는 했다. 사교육 기관은 발 빠르게 움직이고 내용이 나날이 진보하고 있다.

사교육 기관에서의 교육내용 개발한 자료는 넘친다. 공교육기관 개발자료는 걷고 있는 수준이다. 학습 데이터베이스 구축에 차이가 크다. 다행히 2025학년도부터 디지털 교과서를 학교에서 사용한다고 예고했지만, 여건이 되는 학교에서는 이를 앞당겨 시범 운영 확대를 제안한다.

대한민국에는 에듀테크와 함께 수업을 변화시켜보려는 열정 넘치는 교사들이 참 많다. 오늘날 교육과 디지털 기술의 접목은 인공지능 시대의 트랜드이다.

교사에게 제공하는 자료는 교과서 뿐이다. 나머지 내용은 교사가 알아서 준비하고 가르치라고 한다. 그럴 수밖에 없는 게 오늘날의 학교 상황이다.

시대의 변화에 앞서가는 교사는 말한다. '바꿔보자',

누군가는 말한다. '나서지 말라'고...

학교는 즉시 변화하지 못한다.

교육과정대로 교육하기 때문이다. 최신 기기나 장비는 시간이 지남에 따라 에듀테크 기술들을 받아들이게 된다. 변화에 앞장서는 교사로부터 연수받고 터득하여 적용하는데 시간이 오래 걸리지는 않는다. 선도교사가 있어 가르쳐주면 즉시 배우게 된다.

교사들은 변화를 앞서가기도 하지만 두려워하기도 한다. 지금까지 잘 해왔는데 뭘 바꾸느냐고. 스스로 공부하여 변화하는 교사가 많아지길 바란다.

교육현장에는 인공지능을 갖춘 AI 로봇선생님이 등장할 것이다. 인공지능(AI)로봇 선생님의 도움으로 개인별 맞춤형 교육효과를 기대하게 될 것이다. 인공지능을 갖춘 인공지능(AI)로봇 선생님은 학습의 보조 수단으로 이용될 것으로 기대한다. 기본적인 학습 설계와 교육은 당연히 교사가 가르치게 된다.

학습자가 필요에 따라 자기주도적으로 체험하고 경험하고 문제 해결을 할 수 있는 학습 도구로 이용될 것이다.

AI형 에듀테크가 교육현장에 주도적 역할을 하리라고 예견된다. 자기주도적 학습을 유도해 문제 해결 능력을 기를 수 있다는 장점도 있다. 1:1 개인별 맞춤교육을 할 수도 있다.

교육에 변화는 당연하다.

디지털시대는 생각하고 배우는 역량도 필요하다. 디지털 신기술 활용 능력이 우수한 교사도 있다. 디지털 기술 활용하는 교육은 연수를 통해 실시하면 된다. 4차 산업 혁명 디지털 시대에 교사는 평생 학습해야 한다.

창의적 인재를 양성하고, 문제 해결 능력을 갖춘 교육을 하려면 에듀테크를 활용하는 것이다. 교육에 기술을 활용하는 에듀테크 수업이다. 다만 교사가 가르치려 해도 배움에 적응하지 못하는 학습 동기가 높지 않은 학생에게는 걱정이다.

과거에 MS Office 프로그램의 파워포인트 처음 나왔을 때 전교사 연수를 실시한 기억이 생각난다. 일부 시도교육청은 컴퓨터 능력을 향상시키고자 컴퓨터자격증 취득자에게 승진 가산점도 부여했다. 이제는 당연하게 여기는 추세이다.

교사는 늘 신기술과 에듀테크를 활용할 줄 알아야 한다. 에듀테크 제작하는 기술교육을 강조하는 게 아니다.

ChatGPT도 기술을 어떻게 활용하느냐가 에듀테크이다.

교사는 기술을 활용할 줄 알아야 한다. 핸드폰이 처음 나왔을 때 사용법을 익히듯이 배워야 삶을 편리하게 살 수 있는 것이다. ChatGPT연구와 발전하는 기술교육은 부가가치를 높이는 고도화된 디지털 전문 인재를 양성하는 교육이다. 대학에서 인공지능 분야 연구와 개발하는 것이다. 모방은 창조의 어머니다. 이 부분을 발전하는 게 과학기술이다,

초·중·고등학교의 기술교육은 삶에서 기술의 중요성을 이해하고 창의성을 함양하고 문제해결능력을 체험하는 것이다. 세상의 삶을 편리하게 하는 맛보기다.

디지털시대이다. 일상에서 디지털 기기를 활용하는 사용자가 되는 것이다. 디지털 기기를 사용하며 생각하는 역량도 필요하다. 미디어리터러시 소양교육이다. 교사는 이를 함양하고 올바르게 사용하도록 가르쳐야 한다. 그래야 교육전문가로 인정받을 수 있다. 교사는 만능이 되는 삶을 살아야 하나 보다.

교실 수업 시간에 칠판에 판서하는 능력, 파워포인트 활용 능력, 동영상, 유튜브, 카메라, 인터넷 활용 모두 잘한다. 디지털 교육은 컴퓨팅 사고력을 함양하도록 교수·학습 방법을 개선하는 것이다.

인공지능 로봇이 등장한다고 너도나도 로봇 전문가 될 일은 아니다. 코딩 교육, 컴퓨터 활용 교육, 로봇 활용 교육 등은 교육의 수단이다. 목적이 아니다. 디지털시대 인재상은 컴퓨팅 사고력을 갖춘 능력과 글로벌 협력자를 필요로 한다. 디지털시민성 역량을 함양한 인재가 필요하다.

테크놀로지 활용하여 사고력을 키우는 수업시간이 확대될 것이다. 에듀테크 활용하는 수업을 해야 하는 시기이다. 에듀테크와 함께 수업을 변화시켜보려는 열정 넘치는 교사들이 참 많다. 에듀테크는 비대면 교육 현장뿐만 아니라 대면 교육에서 적용이 확산하고 있다.

지금의 교실 환경을 바라보자.

학생은 수업 시간에 똑같은 내용을, 같은 시간에, 같은 속도로 학습하고 있다. 정해진 수업 시간에 많은 학생이 이해하면 좋겠지만 그렇지 않다. 개인의 역량이 차이가 난다. 한마디로 실력(實力)과 학력(學力)의 양극화다. 이를 잘 해소하도록 노력하는 학습 방법이 중요하다. 학력 양극화의 해소 방법이 완전학습이다. 이를 제대로 해결할 수 있는 것이 맞춤형 교육이다. 수준별 학습(學習)이다. 이를 위해 학생 수가 적은 교실 환경을 기대한다.

학습은 어떻게 해야 향상할 수 있을까?

2016년 스위스 다보스에서 열린 세계경제포럼에서 클라우스 슈밥(Klaus Schwab)박사는 제4차 산업혁명 시대를 선언했다.

　제4차 산업혁명은 기술이 사회를 크게 변화시키고 있는 시대이다. 제4차 산업혁명은 로봇 공학, 인공지능, 나노 기술, 양자 프로그래밍, 생명 공학, IoT, 3D 인쇄 및 자율주행 차량을 비롯한 여러 분야에서 새로운 기술 혁신이 나타나고 있다.5)

　수업에 적합한 에듀테크를 선택하여 활용한다. 학습 활동 자료는 포트폴리오 제출하면 누가기록 한다. 자료는 개인 맞춤형 평가에 활용하기 좋다. 나중에 학교생활기록부 작성에 근거자료로 참고한다.

　디지털 인공지능 시대이다.

　오늘날을 한마디로 표현하면 하이테크-하이터치(High Tech High Touch)시대다. 하이터치 하이테크(High TechHigh Touch) 교육은 학생 한 명 한 명이 맞춤형 교육을 가능하게 할 수 있기를 기대한다.

　하이테크(HighTech)를 활용하여 하이터치(HighTouch) 학습을 통하여 학습목표를 달성하는 것이다. 교과 역량을 키워주길 기대한다. 수업 시간에 에듀테크 기술을 활용하는 것이다.

어떻게 활용할 수 있을까?

AI가 가르친다고 똑똑해질까?

미 성숙한 학생들을 누가 가르치는가?

미 성숙한 어린 학생들이 시간이 지나면 성숙한 인간으로 성장하는가?

교육은 사람들의 인간다움과 따뜻한 인간중심 교육이 교육의 본질이다. 미래 지향적인 에듀테크 로봇, 인공지능 기술의 활용된다 해도 미 성숙한 사람을 성장시키는 게 교육이다.

교사가 관심을 가지고 가르치고, 바른길로 안내 해야하는 것이다. 제대로 알려주어도 잘 따르지 않는다. 인내하고 끝까지 최선을 다해 교육하는 게 교사 사명이요 의무이다.

교사는 그래서 힘들다.

따뜻한 마음으로 정성으로 가르치는 게 교사이다.

2025년부터 초등학교 3·4학년, 중학교 1학년, 고등학교 (공통·일반선택 과목)의 수학, 영어, 정보 과목에 인공지능 (AI) 디지털 교과서가 도입될 예정이다. 디지털 기술을 활용하여 수업 혁신할 수 있도록 인공지능(AI)과 디지털 연수하느라 또한 바쁠것 같다. 인공지능(AI) 디지털 교과서 활용으로 교육의 가치를 실현하는 계기가 되길 기대한다.

인공지능 시대 교육의 변화는 기대와 우려가 동반된다.

에듀테크 기술을 수업 시간에 적절하게 활용한다. 에듀테크를 학습 동기와 평가에 활용한다. 오감만족을 주는 교육방법 이다. 자신의 흥미와 수준에 맞는 수업을 할 수 있도록 도와주는 보조교사가 되길 바란다.

ChatGPT도 발전할 것이다. 교육에 사용될 경우 학생들의 창의성과 전문성, 인성 역량을 함양해야 한다.

교육과 평가 방식도 변화의 필요성이 요구되고 있다.

Technology는 계속해서 발달한다. 똑똑한 기술을 따뜻하게 사용하는 교실이 되길 소망한다.

똑똑한 기술을 잘 활용하는 따뜻한 교사,

똑똑하고 따뜻한 인재를 양성하길 기대한다.

Technology을 이용하는 수업 시간,

에듀테크 활용하여 행복한 수업 시간이 되길 희망한다.

6. Test

형성평가 실시하는 수업

시험 목적은 무엇인가?

시험에 대한 사전적 정의는 '재능이나 실력 따위를 일정한 절차에 따라 검사하고 평가하는 것. 그동안 공부했던 것을 시험 출제자로부터 평가받는 과정'이라고 한다. 영어로 'test'는 일반적으로 쓰이는 '시험의 의미'이고, 'quiz'는 '쪽지 시험 같은 비공식적인 간단한 시험'을 의미한다.6)

시험(試驗)은 '지식, 기술, 능력 따위를 평가하고 검사하는 일이다. 테스트(test)'라고 한다.7) 지금은 수업시간 과정평가와 형성평가를 하고 있다.

오늘날 우리나라 시험의 목적은 다양하다.

시험이 배우고 익힌 것에 대하여 얼마만큼 성장했는가?'를 알아보는 목적으로 하면 얼마나 좋겠는가?

우리나라 중·고등학교에서는 시험을 본다.

오늘날 교육에 있어 평가는 해야 한다. 우리나라의 교육 제도이다. 학생들의 능력에 차이가 있고, 학습하여 실행하는 능력도 다르다. 학생들을 평가하기 위하여 시험을 본다.

경쟁이 많은 분야 선발에는 구분해야 하기 때문이다. 다른 방법이 있겠으나 새롭게 시도하지 않는다. 이유는 오늘날 공정성과 객관성을 유지하기 쉽기 때문이다.

우리나라는 어렸을 때부터 시험을 보며 자란다.

학교에서 중간고사, 기말고사, 모의고사, 대입 수학능력시험 등을 치른다.

수업 시간 배운 내용을 정해진 날에 정해진 범위만큼 정해진 시간에 정해진 문제를 가지고 시험을 치른다. 반복하여 공부하지 않으면 좋은 점수를 얻기 힘들다. 일부 학생은 선행학습하면서까지 반복학습 한다.

오랜 시간이 지나면 기억하는 경우도 있겠지만 대부분 내용을 잊어버린다. 오래 기억하는 경우도 있다. 가르치면 배우고 익히는 데 학습이다. 반복학습 해야 기억되고 이해한다.

일반적인 수업시간에 교과 내용을 배운다.

학습목표에 따라 학습할 내용 설명을 듣거나 문제를 풀면서 이해한다. 수업 시간에 배운 내용이 이해가 안 되면 쉬는 시간에 선생님을 찾아가 질문을 하거나 스스로 가정학습을 통해 익혀야 알 수 있다. 자기 주도성이 뛰어난 학생들은 걱정이 없다.

일부 학생들은 무엇을 배웠는지 잘 모르면서 학교 생활한다. 이게 누적되면 성적으로 차이가 난다. 초등학교의 문해력 지식의 차이가 중고등학교에서 더욱 격차는 벌어진다. 이를 해결하는 게 공교육기관이다.

프랑스는 바칼로레아 시험이 있다. 목적은 스스로 생각하고 행동하는 건강한 시민을 길러내는 것이다. 이 시험의 목적은 줄 세우고 선별해서 탈락시키는 것이 아닌 더 많은 교육 기회를 주기 위한 것이다. 오래된 시험방법이 지금도 유효하다.

교과의 단원 성취기준을 가지고 성취수준을 적절하게 가르치는 게 교사의 역할이다. 교사는 완전학습을 유도할 수 있도록 수업을 연구하자. 수업시간에 학생 스스로 책임지도록 교육하자. 효과적인 방법이 수업시간 형성평가를 반드시 하는 것이다.

배운 내용 모르면 다시 가르치고 잘하면 다음 단계로 가는 것이다.

대다수 교사가 과정평가, 형성평가 실시하지만 피드백할 시간이 부족하다. 수업시간 형성평가의 좋은 방안은 무엇일까?

형성평가는 충분한 시간을 가지고 실시한다. 수업을 관찰하면 간단하게 몇 분 동안 형성평가하고 끝이다. 피드백 시간이 짧거나 없게된다. 수업시간 정리하고 평가하는 시간을 길게 가지고 발표를 시키면 완전학습을 유도하게 된다. 짝 발표, 모둠 발표, 전체 발표를 여유있게 하면 좋다. 적극 권장한다. 소요 시간은 적절하게 조절한다. 수업 시간에 배운 내용은 형성평가를 실시하여 완전학습을 유도하는 게 학력 양극화를 줄이는 지름길이다. 천천히 차근차근하게 가는 게 빠른 학습방법이다.

어떻게?

여유 있게 가르치려면 교과 재구성이 필요하다. 충분한 시간을 확보하여 형성평가로 학습 내용을 피드백하고 이해시킨다. 학습한 내용은 시간이 갈수록 잊어버리기 때문에 장기 기억이 되도록 학생이 참여하는 형성평가를 정성을 들여서 한다.

학생들의 응답 방식은 질문 후 손을 들어보라고 하는 것이 좋았는데 고학년으로 갈수록 점점 손을 들지 않는다.

교사는 개별 피드백을 제공하는 평가전문가 되어야 한다.

에듀테크를 활용하면 이러한 문제점들을 보완하고 역동적인 수업을 설계할 수 있다. 학생들은 QR 코드를 활용해 쉽고 빠르게 사용할 수도 있다. 구글 클래스룸은 보편화된 에듀테크 도구이다.

평가는 학생들의 관심과 흥미, 학습준비도, 학습성취에 대한 평가를 한다. 진단과 학습결과에 대한 평가이다. 학생중심 수업과 과정중심 평가를 실천하려면 교과 내용을 재구조화하여 재구성한다.

과정중심 평가에 관한 구체적인 사항은 4부에서 다룬다.

형성평가는 학습 내용을 확인하는 것이다.

완전 학습을 유도하는 길이다. 형성평가 결과의 차이는 교육 격차를 줄이는 데 이바지할 것이다.

학생이 교사가 되어 친구 가르치기, 친구에게 설명 듣기, 문제풀기, 질문하기, 문제 확인하기, 빙고 게임하기, 배운 내용 글쓰기, 요약하기를 할 수 있도록 여유롭게 형성평가를 실시한다. 진도 나가다 보면 수업 시간에 여유는 없다. 교육과정 재구성과 학생이 주인공이 되는 수업을 설계하자.

가르치는 시간을 짧게 하고 학생이 활동을 많이 할 수 있는 형성평가하는 시간을 길게 하여 수업 방법을 구상하자. 적게 가르치고 많이 공부하는 학습 방법을 궁리하자. 학생들이 배운 내용을 스스로 정리하면 이해도와 기억력이 증가한다.

러닝 피라미드를 다시 언급한다. 학습의 효율성을 높이려면 서로 가르치기이다.

그림으로 표현하기, 마인드맵(MindMap)으로 표현하기, 그리고 친구에게 발표하기 등이 있다. 생각의 힘을 키우는 형성평가가 중요하다. 수업시간 지속적으로 연습시킴으로써 학생 스스로 성장 발전하게 준비하고 수업한다. 수업 중 형성평가는 학생들의 학습 도달도 확인이 쉽다. 이를 잘 활용해야 완전 학습이 된다. 수업의 목표를 달성하는 것이다. 이게 수업의 일차 목표이다. 학생은 학습을 통하여 지식을 배운다.

교과 목표를 달성하고 지식과 기능 태도를 함양하는 게 진정한 수업이다. 형성평가 관련하여 에듀테크 활용한다.

학생과 교사가 함께 인터넷에 게시물을 올리고, 댓글을 주고받을 수 있도록 쌍방향 서비스 활용을 한다. 댓글에 글쓰기는 바른말, 맞춤법 등을 교육하고, 개인별로 피드백 한다.

학생 입장은 교실에서 말하는 게 어려운 학생들이 편리하게 사용할 수 있다. 일종의 개인별 맞춤형 교육 방법의 하나이다.

수업 시간 TEST는 목적이 있다.

학생이 수업을 이해했는지 확인하고 도와주며 성장할 수 있도록 살피는 게 형성평가이다. 학습 목표의 달성이다.

형성평가는 완전 학습의 기초가 된다.

형성평가 제대로 할 수도 없고 피드백 시간도 부족하다.

수업 중 교실을 순회지도하며 학습 과정을 확인하여 학습지나, 과제 제작에 어려움을 느끼는 학생은 교사가 개별 지도하는 것이다. 그동안 수업 시간 저자가 제일 많이 사용하는 형성평가는 질문 문답법으로 배운 내용을 묻고 답하는 형식이다.

디지털 교과서의 내용 또는 교과 출판사에서 제공되는 PPT를 그대로 사용하거나, 일부 변경하여 활용한다. 시간도 별로 없고 학생들에게 늘 해 왔던 방법으로 익숙하다.

짧은시간에 완전 학습 여부를 확인할 수 있는 방법은, 파워포인트에 문제를 제시하고, 정답을 확인하는 방법을 사용한다. 학습지를 나누어 주고 문제의 정답을 확인하는 방법도 있다. 형성평가와 학습지를 동시에 활용하면 중간고사나 기말고사 출제에 부담이 없다. 이 문제들을 성취수준에 맞추어 잘 정리하여 시험 출제하면 좋다.

중학교 자유학기제 수업에서는 주로 다양한 표현과 산출물 제작, 실험, 실습, 체험, 견학, 발표, 전시회 등을 많이 한다.

마인드맵, 비주얼씽킹 표현, 4컷 만화 등을 표현하거나, 괄호 쓰기 등을 한다. 빙고게임으로도 형성평가 한다.

우리나라의 학교는 학기 중, 학기말에 시험을 보는데 각각 중간고사와 기말고사, 또는 1회고사, 2회 고사라고 부른다.

공부 결과는 시험으로 확인된다. 시험이라는 관문 없이 통과 하는 학생은 없다.

학교시험, 모의고사, 수능, 자격증 시험, 어학 시험 등을 점수로 표현하는 것이다. 검정고시, 방송 통신학교도 모두 시험을 본다. 운동선수나 각종 대회에도 경쟁시험은 늘 있다.

형성평가는 학습 내용의 이해도를 높인다.

좋은 결과는 좋은 수업의 효과이다. 좋은 수업은 완전 학습을 유도한다. 형성평가 늘 실시하는 게 수업의 기본이다.

학습 내용은 학생 자신이 평가할 수 있는 기회가 많으면 학습효과는 높아진다. 매 수업시간 형성평가의 중요성을 강조하는 표현이다.

형성평가가 목적은 무엇인가?

학교교육의 목표가 시험이 아니다.

형성평가의 목적은 수업시간 배운 내용 확인하는 과정이다. 학습 목표 달성이다. 학습 수준을 높이는 것이다. 교과 목표를 달성하는 기본이며, 핵심역량 함양의 기초가 된다. 교사의 교수 방법 개선으로 활용된다. 향후 학습에 도움을 주는 것이 목적이다.

시험은 누구나 싫지만 나를 성장시키는 데 목적이 있다.

수업시간 형성평가는 다양한 방법이 있다.

학생 모두 한 번씩 발표하는 시간을 주자. 동료 평가하는 시간도 갖는다. 활동지를 각자 쓰고, 돌려서 쓰고, 돌려서 읽고, 바꿔 발표하는 수업을 설계한다.

함께 배우고 함께 익히는 시간이 행복한 수업시간이다.

함께 성장하는 시간이다.

수업 개선의 노력은 배신하지 않는다.

수업을 지속하는 한 형성평가는 학생을 성장시키고 발전시킨다. 교사는 성찰하게 되고 성숙해지고 성공하는 교직생활을 하게된다.

수업시간

Test

형성평가 실시하는 수업을 꾸준하게 하자.

2022 개정 교육과정을 통한 교육 현장의 변화가 일어날 것으로 기대한다.

단원평가, 수행평가, 총합평가 내용은 4장에서 자세하게 살펴본다.

진심경 10

7. Thank you

늘 감사하는 수업

감사 하는 마음은 인성교육의 출발이다.

학교에서 수업을 마치면 가르쳐 주셔서 감사하는 마음을 가지도록 하는 게 인성교육이다

요즘 수업 마치면 인사받고 오는 선생님 얼마나 될까?

수업 끝나면 '감사합니다' 인사받고 마치는 교사도 별로 없고 받으려고 하지도 않는 게 대부분 요즘 교실풍경이다. 예절을 가르치고 있지만, 마음에서 우러나오는 게 아닌 것을 다 안다.

인사는 예의 근본이요, 인격의 시작이다. 인사는 인성의 출발점이요, 따뜻한 마음의 표현이다.

Thank you '감사합니다' 어디서 들리는 것 같다.

감사는 인간다운 미덕이다.

감사는 사람의 됨됨이를 알 수 있다. 감사하는 마음만으로 충분하기도 하다. 또한 '감사합니다'말로 표현하면 더욱 기쁘다.

지그 지글러는 "나는 감사할 줄 모르면서 행복한 사람을 한 번도 만나보지 못했다."라고 말한다. 내가 행복하려면 나부터 감사한 마음으로 생활하면 된다. 가르칠 기회에 감사하고 가르치는 행동하는 일에 감사하는 것이다. 감사하면 감사할 일 생긴다고 한다.

과거 KBS의 개그 프로그램의 '감사합니다'를 생각나게 한다. 국민에게 감사하는 마음을 준 즐거운 프로였다. 다시 웃음을 주는 좋은 프로그램을 기대한다.

삶에서 일상을 감사하는 마음은 축복이다.

학생교육에 모든 것에 감사하는 마음으로 지내는 게 교사다. 학생이 말 안듣거나, 딴짓하는 게 눈에 보이면 내가 할 일이 있구나 책임을 느끼고 가르치면 이 또한 감사한 일이다. 가르치다보면 보람과 만족을 느끼며, 이를 모아 글로 쓰면 수기가 되고, 남은 교사생활의 교과서가 된다. 학생과 함께 인생을 살아간다는 것은 참으로 행복한 일이다. 경험해봐서 아는 사실이다. 늘 고맙고 감사한 일이다.

'감사합니다', 행복의 마음을 여는 열쇠이다.

교사의 행복은 감사하는 마음의 삶이다. 이는 학생도 마찬가지리라 생각하며 지낸다. 학생들은 감사한 일을 알 것이다.

감사합니다.
교과 내용을 알려주셔서 감사합니다.
모른 것을 가르쳐 주셔서 감사합니다.
오늘도 즐겁게 해 주셔서 감사합니다.
지식을 터득하게 해주어 감사합니다.
친구와 행복하게 지내서 감사합니다.

수업시간 웃게 만들어서 감사합니다.
고민 해결해 주셔서 감사합니다.
어렵지 않게 설명해 주셔서 감사합니다.
부모를 생각하게 해서 감사합니다.
지구 환경을 생각하게 감사합니다.

미래를 생각하게 해서 감사합니다.
배움의 즐거움을 감사합니다.
칭찬을 해주셔서 감사합니다.
격려를 해주셔서 감사합니다.
인정을 해주셔서 감사합니다.

나를 쳐다봐 주셔서 감사합니다.

눈 마주치는 시간이어서 감사합니다.
시험문제 쉽게 내주셔서 감사합니다.
문제 다 풀게 해 주셔서 감사합니다.
4교시 일찍 끝내주셔서 감사합니다.
발표하는데 칭찬해서 감사합니다.

나를 인정해 주셔서 감사합니다.
수업시간 무시하지 않으셔서 감사합니다.
좋은 이야기 해 주셔서 감사합니다.
친구와 함께 즐길 수 있어서 감사합니다.
오늘 수업 시간에 화내지 않으셔서 감사합니다.

칠판 글씨 반듯하게 잘 써 주셔서 감사합니다.
필기 조금만 해서 감사합니다.
오늘은 수행평가 안 해서 감사합니다.
학생이 발표를 많이 하게 해주셔서 감사합니다.
화장실 다녀오게 해 주셔서 감사합니다.
칠판 깨끗하게 지웠다고 칭찬해주셔서 감사합니다

컴퓨터 켜놨다고 수업 준비 잘한다고 감사합니다.

교실 자주 왔다 갔다 순회해서 감사합니다.

잔소리 많이 안하셔도 감사합니다.

수업 내용 요약해 주셔서 감사합니다.

떠드는 학생 떠들지 말라고 경고해 감사합니다.

필기도구 없는데 필기를 안해서 감사합니다.

활동지 준비해 오셔서 감사합니다.

만들기 수업을 해서 감사합니다.

무조건 감사합니다.

모두를 위해 감사합니다.

끝마쳐서 감사합니다.....

선생님 감사합니다.

이 외에도 생각하면 오만가지이다. 이렇게 감사할 일이 많은 수업 시간인데......

작은 것부터 감사하라.

이 얼마나 좋은가?

학생들은 수업 마치고 얼마나 감사할까?

'고맙습니다'라고 말하는 감사하는 수업 시간, 감사하는 마음을 생활화하는 수업 시간이 그립다.

사소한 일에도 감사하는 마음은 좋은 일이 생긴다.

모든 일에 감사하는 마음이 행운을 부른다. 행운은 행복을 달려오게 만든다. 감사가 성공을 부르고 행복을 보장해 준다. 감사를 아는 학생을 기르는 게 인성교육이다.

감사를 모르면 불행이고, 알면 다행이고, 실천하면 행운이고 이는 행복을 보장하는 삶이다.

행복은 성적순이 아니다.
행복은 감사하는 마음에서 출발한다.

데살로니가전서 5장 16절~18절의 내용이다.
"항상 기뻐하라 쉬지 말고 기도하라 범사에 감사하라 이는 그리스도 예수 안에서 너희를 향하신 하나님의 뜻이니라"라고 되어 있다. 인생 사는 것 자체가 감사한 일이고, 기도하며 항상 즐겁게 지내라는 의미로 해석된다. 감사하며 사는 게 행복한 삶을 이야기 한다.

내가 감사를 받았으면 감사는 누구에게나 있다. Give & Take 세상이 아니라 다른 데 감사를 표현하는 게 감사의 세상이 된다. 누구에게나 감사한 일이다. 깊은 생각이 감사를 불러일으킨다. 홍익인간은 바로 이런 것이다.

자신에게 감사하는 것은 매우 중요하다. 모든 수업시간이 감사한 일이다.

대한민국 과거를 생각하면 지금의 상황은 선진국이다.

지속 가능한 행복한 교실을 위하여 Thank you를 아는 교실을 꾸미자. 이게 인성교육이다.

학교 성적이 다가 아니고 감사로 사는 삶을 원한다. 수업 시간 나의 발걸음이 힘차게 디디는 내일이 된다.

지금까지 제시한 행복해지는 교사들의 7가지 수업 방법 이외에도 좋은 수업은 이루 말할 수 없이 많다. '이런 수업도 있구나' 생각하고 오해 없기를 바랍니다.

수업하는 교사에게 크게 도움이 되길 기대하는 마음뿐이다. 이 외 수업도 좋은 수업이고 행복해지는 수업이다. 행복해지는 수업은 무궁무진할 것이다. 더 좋은 수업을 연구하셔서 행복한 학교생활 하시길 바란다.

읽어 주셔서 감사합니다.

탈무드에 "세상에서 가장 지혜로운 사람은 배우는 자이고, 세상에서 가장 행복한 사람은 감사하는 자이다"라고 했다.

'오늘 수업 잘 들었습니다' 이런 소리를 들으면 교사는 감동하고 즐겁다. 이런 게 교사의 행복이다.

감사하는 마음과 행동은 지혜로운 자라는 의미다.

감사하는 자 세상에서 행복한 사람이라는 뜻이다.

수업시간에 적절하게 활용하여 좋은 교사 행복한 교사가 되길 기대한다. 읽어 주셔서 감사의 마음 전한다.

　감사하고 또 감사하라. 감사하면 감사할 일이 생겨난다.
　수업시간 감사하는 마음을 가지고 지내는 게 인성교육이다.
　감사합니다. Thank you.

Thank you
이는 듣기만 하여도 가슴 설레는 말이다.
Thank you
늘 감사하는 수업을 하자.

진심경(眞心境)

숲속에서

자연의 기운을 온몸으로 느낀다

시원한 바람 향긋한 피톤치드

생기가 난다

기분이 좋다

붓이 춤 춘다

선과 여백 수묵화

골법용필 기운생동 한다.

숲속의 화실은

진심경이다

진심경 11

4부
수업평가와 기록

수업평가 이대로 좋은가

4부
수업평가와 기록

학교생활기록부는 교사가 기록한다.

교육의 결과를 기록하는 생활기록부,

교사와 학생의 수업 평가 기록 방법을 알아본다.

과정 중심의 수행평가 방법과,

수업시간 관찰평가에 대하여 생각해보고,

학교생활기록부의 기록 방법과 사례를 살펴본다.

수업평가 이대로 좋은가

평가 는 어떻게 해야하나?

우리나라 교육법 제2조 교육이념을 다시 언급한다.

교육법 제2조(교육이념) "교육은 홍익인간(弘益人間)의 이념 아래 모든 국민으로 하여금 인격을 도야(陶冶)하고 자주적 생활능력과 민주시민으로서 필요한 자질을 갖추게 함으로써 인간다운 삶을 영위하게 하고 민주국가의 발전과 인류공영(人類共榮)의 이상을 실현하는 데에 이바지하게 함을 목적으로 한다."이다. 교육 이념을 잊지말고 수업하기를 권장한다.

　교사를 존경하는 대한민국
　학생을 존중하는 대한민국을 기대한다.
　학교에서의 평가의 목적은 무엇일까?
　좋은 평가방법은 무엇일까?

평가(評價, Evaluation)의 사전적 정의는 "어떤 대상의 가치를 규명하는 일이다."라고 되어있다. 평가는 과정평가와 결과평가가 있다. 오늘날 학교 교육에서 평가는 배운 내용에 대한 점수나 등급이다. 이를 활용하여 상급학교 진학에 중요한 자료로 활용된다. 학교는 이를 교육이라고 생각하고 열심히 가르치고 내용을 평가하고 있다. 지식은 평가하는 데 인성은 어떻게 교육하고, 어떻게 평가할까?

학교에서 평가에 대한 과정의 글이다.

학교에서 평가 방법은 학습이 시작되기 전에 진단평가를 하는 경우가 있다. 중고등학교 입학하면 3월 초 학년별 진단평가를 한다. 수업 시간에는 형성평가를 하여 완전학습을 유도하고, 학기별로 중간고사, 기말고사 평가하여 총합평가를 한다. 교사는 교과의 내용에 따라 다양한 평가방법을 구사하여 평가한다.

예를 들면 객관식 선다형 평가, 서술형, 논술형 평가, 연구 보고서 평가, 포트폴리오 평가, 산출물 제작 평가, 관찰평가 등이 있다. 학교의 수행평가는 과정중심 평가를 많이 사용하고 있다. 교육이념과 교육 평가는 차이를 알 수 있다.

교육이념은 홍익인간인데, 학교에서의 교육 평가는 학생의 교과 점수와 학교생활기록부이다.

1. 수업 평가 다시 생각하다

평가 는 수업과 일치해야 한다.

학교는 가르치고 끝이 아니다.

학생의 성취 수준 확인이 필요하다. 교과내용의 성취결과를 확인하기 위하여 평가한다. 학생의 성취 수준 도달 정도를 평가하는 것이 시험이다. 가르치고 시험을 본다.

학교에서는 수업과 평가는 일치해야 하며, 과정중심 평가를 실시하고 있다.

사교육은 결과중심평가를 악용해 공교육을 흔들고 있다. 공교육 교사를 사교육의 교사보다 못한 교육자라고 평가하는 경우도 있다. 공교육이 건강하게 살아남기 위해서는 교사의 다양한 평가로 평가전문성을 더욱 높여야 한다. 수업 중 과정중심 평가를 하면서 수업방법을 개선해 나가야 한다.

학생평가는 학습한 성과를 확인하는 것이다. 주로 시험 점수로 확인한다. 교과별 교육과정에 따라 수업하고 평가한다. 교과별 지필평가 및 수행평가를 한다.

평가 결과는 개인별로 제공된다. 과거에는 교실에 전체 성적을 게시했었다. 요즈음에는 개인의 인권침해라 개인별로 알려준다. 중학교는 성취기준에 의한 등급이 기록된다.

학교에서 시험 평가 이후의 피드백은 잘 할 수 있을까?

교과 담당교사는 피드백을 수업시간에 하지만 담임교사는 종합결과를 가정통신문에 작성하여 알려주고 있다.

학생 성장에는 피드백이 중요하지만 시간 부족으로 충분히 못 하는 경우가 발생한다. 그럴 수 밖에 없는 게 정해진 교과의 진도를 나가야 하고 다음 시험을 준비해야 하기 때문이다. 학교 실정에 따라 교육과정 재구성으로 피드백 하는 시간을 확보해야 한다. 평가 결과는 수업의 질을 개선하는 데 유용하다.

점수의 차이는 학교별, 남녀 학생별로 다양하게 나타난다. 이를 토대로 교사 스스로 개선한다. 다만 학기별로 생활기록 부에 수업 관찰 내용과 교과 세부 특기사항을 기록하는 업무처리로 인하여 학기말이면 늘 바쁘다. 학기를 마치면 학교 생활기록부에 교과별 학습상황을 기록하면 그뿐이다. 학생은 이것이 어디에 사용되는지 모르는 경우는 없을 것이다.

상급학교 입학하는데 진학에 사용한다. 모든 학생에게 기록사항을 입력하고 확인한다. 학교 생활기록부는 졸업 후 50년간 기록이 보관된다.

교과별 세부특기사항 기록은 학교 수업시간 교육활동의 결과를 문장으로 기록한다. 담당 교과 교사만이 작성한다. 수업 시간 관찰 내용과 성장 가능성, 학업성취도 상황을 객관적 자료를 바탕으로 서술식으로 입력하여 기록한다.

고등학교에서는 학생이 성장할 수 있는 학생중심수업의 다양한 수업을 하고 교과별 세부특기사항 구체적으로 기록한다. 입시에 직접적인 영향을 주기 때문이다. 이를 위해 교과군별로 교세특기록을 위한 수업나눔을 한다. 일명 수업나눔페스티벌을 학교 차원에서 기획하여 동료 교사 간 상호 수업 노하우를 나눈다.

수업평가는 수업 질 향상에 도움이 된다. 그때그때 제대로 평가해야 알 수 있다. 학생의 적극적인 참여도가 평가된다. 평가는 교육의 질을 향상시키며, 가르치는 교사의 반성과 성찰에 도움을 받는다. 교사의 수업 방향을 점검하고 개선하는 일이다. 교사는 평가를 엄정하고 공정하게 철저하게 평가한다.

시험 평가 결과는 학생의 성취수준을 인정받는 점수이다. 자기평가는 스스로를 파악하는데 크게 좌우한다.

이제는 학교가 진학 중심에서 진로 중심으로 학생을 교육해야 한다. 미래사회는 다양한 분야의 인재가 필요하다. 지금처럼 특정 대학의 특정 직업을 위한 경쟁시험은 그들만의 리그가 된다. 학생 한명 한명이 미래 인재가 되어야 한다. 그러려면 소질을 계발하는 학교 교육이 되어야 한다.

역량 평가는 무엇일까?

서술형 평가, 논술형 평가가 바람직한 평가라고 하는 경우가 많다. 논술형 평가는 자신이 이해하고 알고 있는 사실을 생각과 주장을 기록한다. 서·논술형 평가는 자기자신의 역량을 확인하고 사고하는 역량을 표현하는 기회를 제공한다. 평가의 객관적 기준과 평가자의 주관성이 있다고 대부분 학교에서는 수행평가로 실시한다.

교육에서 평가 혁신도 필요하다.

학생이 학교에서 무엇을 배우고 무엇을 알게 되었는지를 객관식 시험 평가로만 평가한다면 진정한 교육이 아니다. 수업의 과정을 평가 한다. 수업시간 활동 내용을 관찰하고 학교생활기록부에 기록하는 일은 교사로서 엄청난 고역이다. 고등학교 학점제 이수도 마찬가지이다. 진도 나가기도 빠듯한데 학생을 골고루 관찰이라니. 고등학교는 대입을 위한 준비기관이 된 지 오래되었다. 일부 고등학교는 취업이 우선인 경우도 있다.

고등학교 졸업 후 진학이든 취업이든 평가 결과 점수는 중요하다.

어떻게 평가할 것인가?
미래 역량을 키우는 학생평가는 무엇일까?
생각의 힘을 키우는 평가를 한다면 어떻게 할까?
 · 학생 중심 수업과 과정 중심 평가를 실천하려면 교육과정을 어떻게 재구성해야 할까?

학습은 학생 스스로 하는 게 중요하다. 학생 스스로 잘하기를 바랄 뿐이다. 학생 수준별로 개별 맞춤형 학습을 지원하는 평가도 있을 것이다. 인공지능(AI)로봇을 활용하거나, 에듀테크 활용하는 평가도 있다. 인공지능(AI)로봇 평가 결과는 에듀테크가 피드백하는 시스템이다. 교사는 관리와 안내를 할 자료다.

교육공동체인 학생과 교사, 에듀테크가 평가 결과를 가지고 함께하는 교육이 되길 기대한다.

교원평가에 대하여 한마디 한다.

교사를 배우는 학생이 평가하는 나라가 얼마나 있을까?
학생에 의한 교사평가 지속할 것인가?

'교사 만족도 평가'. 교사 만족도 평가일까?

명칭은 참 근사하다.

교사에 대한 학생 개개인의 주관적인 평가가 주류이다. 교사의 가르침에 대한 평가가 인기, 외모, 개인적인 주관적인 평가가 되고 있어 매우 걱정된다. 이대로 평가제도를 유지한다면, 우리나라 교사는 걱정이다. 선진국으로 인정되는 대한민국에서 벌어지는 인격모독에 교사를 무시하는 이런 태도는 심히 걱정이다. 선생님의 사기나 책임감 사명감은 점점 줄어들수 밖에 없다. 당연한 것 아닌가?

공교육을 책임지는 기관에서 공교육을 망치고 있는거나 마찬가지이다.

현실은 어떠한가?

교원평가 점수가 높았을 때는 자만심이 가득했고, 매우 낮은 점수가 나왔을 때는 자괴감을 가지며 지낸 경험도 있다. 성찰하지만 교실의 학생들과 수업하기가 불편했다.

평가 시즌이 되면 학생은 학습태도가 불량스럽다. 교사 지시 불이행이 많다. 학생들은 한마디로 가관이다.

이래서 되겠는가?

요즘 뉴스에 특별한 내용이 보도되기는 한다. 인격모독과 성회롱, 모욕적인 글 평가내용이 뉴스와 기사로 나온다. 당사자는 자괴감에 정신적으로 고통이다. 교사가 잘 못 가르쳤다고 하면 어쩔 수 없다. 제대로 가르치는데 학생들이 잘못 평가 해도 대책이 없다. 이런 평가는 즉시 없애야 한다.

이런 평가가 신뢰도, 타당도가 있다고 보는가?

왜 평가하는가?

이런 일이 왜 일어났는지 분석하여 연구하고 대처를 해야 할 것 아닌가? 도대체 무엇을 하고 있느냐 말이다. 교사는 연구하고 가르치는 일을 한다. 연구할 시간도 부족한데 가르치는데 간섭이 많으면 교사가 의무 이행에 신바람 날까?

교원평가 누구를 위한 평가인가?

교원평가 하면서 학생은 무엇을 배울까?

2. 단원평가는 중간평가이다

평가 는 수시로 하면 안 되는가?

과정 중심 평가에서 교사는 과정을 어떻게 평가하는가?

수업을 하면 교과의 대단원이나 중단원을 마치게 된다. 중단원 평가는 주로 프린트물을 만들어 나누어 준다. 중단원 평가를 실시하는 경우는 드물지만 교사는 학습목표 도달에 대한 평가를 자주해야 한다.

형성평가는 수업시간에 대한 완전학습을 위한 목적이라면 단원평가는 단원의 교과 역량을 함양과 지식이해 정도의 평가이다. 평가를 제대로 해야 학습도달도를 확인할 수 있다.

단원평가는 중간평가이고, 다음 학습을 진행하는 데 참고로 활용한다.

최근 교과 단원 역량 평가는 수행평가로 실시한다.

학기별 지필평가를 실시해보면 학생들의 성취도 수준이 매우 심각하게 차이가 남을 알 수 있다. 학생들이 공부를 안하는 게 아니라 공부해도 시험이 없으면 반복 학습하지 않는다. 반복 학습이 단순히 기억학습이라고 매도하지 말라. 배움이란 기억에서 시작한다. 시험을 안 보면 배운 내용을 잃어버린다.

자신이 배운 학습 내용을 반복 학습이나 시험에서 확인을 안하니까 더욱 실력의 차이기 나는 것 아니겠는가.

평가를 자주하면 학생들이 스트레스 받아 문제라고 생각하는 교사도 있을 수 있다. 하나는 알고 둘은 모르는 것이다. 평소 실력에 대한 평가와 피드백 없으니 실력이 형편없게 되는 경우도 있다. 도전정신과 자신감을 갖게 한다. 교육의 성과는 한마디로 단정할 수 없다. 여러 가지를 고려하여 여러 방향으로 실행해 봐야 알 수 있다.

어떤 운동대회가 있다고 가정하자.

대회 참가하는 선수들이 가만히 있는가?

매일 반복하여 연습하고, 훈련하고, 안 되면 될 때까지 노력하여 대회에서 실력 발휘한다. 대회나 시합은 경쟁해서 실력을 판가름 한다. 자신의 실력을 알 수 있다. 스스로 수준을 평가받는다.

대회 이후에는 다음에 도전할 때까지 다시 반복하여 훈련한다. 노력만이 꿈과 희망의 열매를 맺는다. 운동선수나 악기를 다루는 음악가는 훈련을 게을리하면 결과는 뻔하다. 성장발전이 아니라 제자리에 있게 된다.

공부는 성장하려고 배우고 레벨업(Level up)하는 것이다.

학습이라는 것은 서서히 성장한다. 즉시 효과가 나타나는 게 아니다. 성장하는 것은 표가 나지 않는다. 학교는 학생이 성숙해지며 점점 발달하도록 도와주는 곳이다.

학교는 이런 것을 해야 하는 곳이다.

시험 한번 보고 성적으로 사람을 평가하는 게 아니다.

점수는 나타난 현상이고 미래는 모른다.

나도 모르고 너도 모르는 게 미래이다.

시간은 많다. 긴 인생에서 학교 성적은 평생을 좌우하지는 않는다. 그때뿐이다. 그러나 자신의 능력을 키우고 자신감을 가질 수 있게 하고 지지하며 격려하는 게 교사이다.

학교에서 하는 평가는 중간 점검과정이다. 부족하면 실력을 쌓으려고 노력하는 게 다이다. 점점 성장하도록 돕는 게 교사 교육 목표다. 노력은 배신하지 않는다. 자신의 장점을 찾아 잘하는 분야 집중하여 노력하는 것이다.

학업성적이 낮으면 어떻게 해야할까?

학습수준을 어떻게 높일까?

학생도 궁리하고 교사도 궁리해야 한다.

학교는 교육과정을 충실하면 되는 기관이 아니다. 학생들의 실력을 향상시키며 학력(學力)을 키우는 곳이다. 학생들의 소질을 계발해야 하는 곳이다.

교육기본법 제14조 3항을 다시 제시한다.

제14조(교원)

③ 교원은 교육자로서 지녀야 할 윤리의식을 확립하고, 이를 바탕으로 학생에게 학습윤리를 지도하고 지식을 습득하게 하며, 학생 개개인의 적성을 계발할 수 있도록 노력하여야 한다.

지식은 듣기만 하면 잊어버린다.

기억하고 분석하고 종합하는 능력을 길러야 한다.

학생평가를 하면, 학생의 능력을 확인할 수 있다.

학교는 학생에게 학습윤리를 지도하고 지식을 습득하게 하며, 학생 개개인의 적성을 계발할 수 있도록 노력하여야 한다.

때가 있다

이 꽃은
봄에 성격이 급한지 빨리 피고

저 꽃은
여름에 열정이 많아 활짝 피고

그 꽃은
가을을 기다리며 늦게 피고

숨은 꽃은
모두 움츠리는 한겨울에 크게 피고

그 꽃 크는 시기 다르고
피는 때가 다 다르다.
다 때가 있다.

진심경 12

3. 객관식 지필평가 이대로 좋은가?

지필평가 이대로 좋은가?

평가는 학생들에게 부담이다.

우리나라는 평가 범위가 정해져 있고 출제되는 내용도 교과서에 한정되어 있다. 이것을 매 학기 초 전 국민에게 정보공시로 제공한다.

시험 범위, 가르칠 내용, 성취기준과 성취수준을 모두 미리 알려주고 평가한다. 매년 학기 초 정보공시로 제공한다. 수행평가 애용, 평가시기도 알려주고 대부분 가정통신문과 함께 정보공시 한다.

중·고등학교에서는 중간고사를 실시하여 학생을 평가한다.

5개 교과목이 지필시험을 치룬다. 국어, 영어, 수학, 과학, 사회(역사), 도덕 등이다. 일부 학교에서는 기술가정, 한문, 중국어, 정보 등을 치루는 경우도 있다.

기말고사는 주로 전교과 시행한다. 지필시험으로 일부 문항에서는 서술식 평가도 하지만 대부분 객관식 평가를 많이 한다. 중간고사와 기말고사는 지필평가는 사실 거의 객관식 평가이다. 학생 자신의 지식에 대한 습득 여부를 객관식으로 평가하는 게 대부분이다. 주관식을 추가하여 출제하는 경우도 있다.

요즘 중고등학교는 거의 객관식 문항 선택하는 평가이다. 대학 입학을 위한 수학능력시험도 객관식 문항이다. 객관식 문항은 객관적으로 평가 받는 오늘날 현상이다. 이제 사실이고 고쳐지지 않는다.

과연 이게 객관적일까?

기억력 좋은 학생에게 유리하고 반복 학습한 학생이 유리한 평가 방법이다. 시험문제가 쉽지 않다. 어떤 문제는 찍어서 정답이 되기도 한다. 확률은 다소 낮지만. 현재는 이런 평가를 유일하게 하는 우리나라다. 바꿔야 하는 데 언제 바뀔지 알기 어렵다. 논술평가나 서술형 평가는 수업시간에 수행평가로 한다.

학교는 지필평가와 함께 수업시간 참여도, 활동 과제 수행능력, 협동능력, 창의력등을 평가하는 수행평가를 한다.

과정을 충실히 하는 관찰평가를 한다. 관찰평가는 미래인재를 정확하게 평가하는 기준이 될 것이다. 학생 능력이 수업시간에 개발되는 교육이 우리나라 미래인재 요건이다. 이런 인재를 양성하려면 수업 시간 평가해야 수업시간이 활기차다. 수업시간 활기차면 모두 즐겁다.

서로 경쟁의 대상이 아니라 서로 협력의 대상이 되어야 한다. 이런 평가가 과정 중심 수행평가이다. 내가 너를 도우면 너도 나를 도우는 협력적인 학교생활이 되는 것이다.

교과목별로 수행평가 비중을 높이고 관찰평가를 해야 교육이 제대로 된다. 교사를 신뢰하고 학생을 수업시간에 집중하도록 교육 제도와 환경을 마련해야 한다.

학생의 시험점수는 희망하는 대학의 기준이 되고 있다. 이런 문제를 해결하기 위해 고교학점제가 도입되면서 조금씩 해결 되고 있으니 다행이다.

미래 사회에 필요한 역량 함양의 교육이 확대되어야 한다. 학습은 암기도 필요하고 반복 학습도 필요하지만 다양한 수업으로 다양한 역량을 향상시키는 수업을 해야한다. 대학 학과 선택은 곧 그 직업을 선택할 확률이 높다. 선택하는 직업은 보수와도 관련있다.

이러하니 현재의 점수는 미래의 보수와 관련이 있는 직업 선택의 기준이 되는 것이다.

소질과 재주나 취미로 하는 다른 분야도 많이 생기지만 현실은 이렇다. 시험점수가 대학 선택의 기준이고 미래직업과 연관되기 때문에 그렇다는 건 인정하자.

미래 진로를 위해 미래직업을 선택하고 준비하는 것은 당연하다. 그래서 학문의 발전도 기술의 발전도 한다.

교육의 중요성을 강조한다.

직업은 중요하고 가치 있는 것이다. 공부는 개인의 발전과 국가 사회를 위하여 모두 존재하는 것이다. 직업의 귀천은 없어야 한다. 단지 직업의 귀천보다는 적게 버는 직업과 많이 버는 직업의 공정한 세금 납부가 투명하게 이루어져야 한다. 윗물이 맑아야 아랫물이 맑다.

평가는 곧 미래이다.

객관적인 평가가 객관식 선택형 평가인가?

나는 점쟁이다

난 오늘도 교실로 간다.
점을 보러
무슨 점을 보러 가느냐고 묻지 말아라
난 매일 점 보는 인생이다.

지금 점쟁이 다 되어간다.

무슨 점을 보느냐고 자꾸 묻지 말아라
한 명 한 명 학생 점을 본다.

장점과 단점이 내 눈에 자꾸 들어온다.
뛰어난 점, 우수한 점, 안타까운 점, 속상한 점
나는 배울 점을 깨닫는다.

지금도 매일 점을 본다.

4. 과정중심 수행평가 어떻게 하지?

수행평가 방법을 나열한다.

수행평가는 학생중심수업과 과정중심평가를 실천하는 평가 방법이다.

수행평가는 교과 담당교사가 과제 수행과정 및 결과를 관찰하고 평가하는 방법이다. 학생에게 과정을 충실히 하여 스스로 성장할 수 있도록 기회를 준다. 학생은 과정을 충실히 하여 성장하고 수행평가에서 피드백을 통해 학생과 상호작용하고, 교수학습 수 있는 기회를 제공하는 것이다.

개인별 피드백 내용 중 개선된 사항을 기록한다. 초·중·고 교육과정을 연계해서 평가하는 방식은 아니다. 각 학교급별로 따로 실시한다. 수행평가는 100% 하는 교과목도 있다.

중학교 1학년은 자유학년제이므로 전 교과를 수행평가한다. 일부 학교에서 음악, 미술, 체육, 정보, 기술가정, 도덕을 100% 수행평가로 하는 학교도 있다. 결과 또는 산출물과 함께 과정까지 평가한다.

주로 하는 수행평가는 실기평가, 포트폴리오, 실험·실습, 토론, 구술, 발표, 논술 등의 방식을 사용한다. 지필고사는 학년 초에 평가계획에 평가 시기와 횟수, 성적 산출 등을 공지한다. 중간·기말고사 또는 1차·2차 평가로, 한 학기에 1회 또는 2회 실시하는 평가로서 학습결과 중심의 평가방식이다. 성취기준과 성취수준은 각 학교의 여건에 따라 정보공시에 제공한다.

수행평가의 일부 경험이다.

지필고사를 기말에 한 번 실시하고, 지필 50%, 수행평가를 50% 계획하여 실시했다. 주당 수업시간은 2시간이며, 수행평가 항목은 3개였다. 수행평가 1항목은 10점, 2항목 20점이다. 여유 없이 진도 나가고 수업시간 수행평가를 자주 하다보니 귀찮기도 하고 힘들다. 어떤 학생들은 수업시간에 딴짓을 하거나 평가에 집중을 안 한다. 잘하도록 격려를 하지만 체크하였다가 반영할 뿐이다. 지금은 수행평가만 100% 실시한다.

때로는 평가 마무리를 위해 초과근무도 가끔 한다.

평가를 개인별 구체적으로 하면 시간이 오래 걸린다.

교사가 여러 항목 평가하고 NEIS에 입력해야 하므로 집중해야 하고 신경이 쓰인다. 이런 수업이 정상적인 수업 방법 이지만 항목이 많으면 채점과 평가 기록에 더욱 고되고 힘들다.

프로젝트(PBL) 수행평가도 마찬가지이다.

일부 학생이 결석, 조퇴로 인하여 지난 시간에 실행된 활동 내용 없으니 별도 시간을 내서 하게 되고 이때 교사가 힘들어 한다.

학생들은 수행평가하면 수업시간의 중요성은 안다. 수행평가는 학생 학습지의 질이 중요하다. 활동지에 따라 학생들의 수업 참여도가 다르다. 활동지에 선생님들이 많은 공을 들여야 평가에 반영하기 좋다.

교사는 개인별 관찰하고 평가하고 격려하고 오개념 난개념을 바로 잡아주고 이해시키느라 바쁘다.

수행평가를 다양한 방법으로 하면서 터득한 것은 수업시간에 개인별, 모둠별, 전체적으로 프로젝트 수업을 하는 것이다. 개인별 활동지, 모둠별 활동지 작성 후 모둠별로 발표한다. 프로젝트는 창작 작품을 완성하는 것이다. 창작품은 교사평가, 동료평가도 한다.

교과별로 수업 내용과 방법이 다르므로 사례는 구체적으로 표현하지 못해 안타깝다. 다음 기회에 교과별 평가사례를 제시하고 싶다.

평가기준은 보통 루브릭 평가를 많이 사용한다.

수행평가를 구글 클래스룸 상에서 실시하면 학생들의 수행평가 산출물에 대해 기준표에 의한 점수를 부여할 수 있다. 개인별 피드백을 줄 수 있으며 학급 전체가 산출물을 확인할 수 있다. 동료평가도 가능하고 본인의 수준도 확인이 가능하다.

최근 평가에 프랑스의 대학 입학시험 국제바칼로레아(International Baccalaureate, IB)가 제주교육청, 대구, 경기도에서 도입하여 시행한다.

대부분 문제가 논술형으로 출제된다. 우리나라의 대부분 학교는 지필평가와 수행평가에 서술형, 논술형 평가를 실시하는 학교가 증가하고 있다. 과정 중심 수행평가는 맞춤형 관찰평가이다.

5. 총합평가는 무엇인가?

총합평가 는 종합적인 평가이다

총합평가는 학생들에게 부담이다.

학교 생활기록부에 교과별 점수 판정을 기록한다. 평가는 학습상황을 가르치는 내용에 대한 지식뿐만 아니라 여러 능력을 포함하는 개념이다.

교사가 학생을 평가하기 위해서는 학생을 관찰하고 성취수준에 대해 잘 이해한다. 성취기준은 평가의 기준이며, 핵심사항이다. 교사는 학부모에게 자녀의 학교생활, 성적 등의 정보를 꾸준히 제공하면서 상호작용이 이루어질 수 있도록 한다.

우리나라는 유급제도가 없다.

총합평가에서 성취 수준이 높거나 낮거나 상관없이 진학한다. 성취 수준이 낮아도 상관없다. 상급학교 진학하면 그만이다. 학교는 공교육기관이다. 책임을 져야 하는데 책임질 일이 없다.

총합평가(總合評價)는 '한 학습과제·단위·교과가 끝난 다음이나 기말(期末)·연말(年末)에 총합적으로 교육목표의 달성 정도를 평가하는 것이다.'

총합평가 결과는 곧 진학에 직접적인 점수이다.

되돌릴 수도 없다. 생활기록부에 기록되며 50년 보관이다.

사람은 다 때가 있다.

일찍 꽃을 피우는 경우도 있지만, 늦게 피는 경우도 많다. 그래서 재수 하거나 직장에서 야간에 공부도 한다. 배움의 시기는 다 때가 있는데 우리나라는 고등학교까지는 일단 대부분 다닌다. 대학에서부터는 재수하는 것도 괜찮다고 한다. 반수이다. '재수는 필수, 삼수는 선택'이라며 또다시 수능 공부한다.

어떤 학생은 대학교 다니면서 고등학교 과정 수능 공부한다.

왜 이렇게 해야할까?

미래의 인재상이 변화하고 있다.

2016년 다보스 포럼에서 미래사회에 필요한 인재가 지녀야 할 핵심역량 4가지를 제시했다.

4C는 Critical Thinking(비판적 사고능력), Creativity(창의력), Communication Skills(의사소통 능력), Collaboration(협업 능력)이다. 컴퓨팅사고력(Computational thinking)과 융합역량(Convergence)을 추가로 필요로 한다.

4차 산업혁명 시대이다. 사회에서는 좀 더 다양하고 창의적인 사고력을 요구하고 있다. 핵심역량을 갖춘 인재를 필요로 한다. 기술의 발전과 학문의 발전은 사회와 국가의 발전이다.

교수·학습에서도 교과별 내용뿐만 아니라 핵심역량을 함양하도록 다양한 평가방법으로 변화되어야 한다. 학생참여중심 수업과 교사별 과정중심 평가 활성화를 위한 학생 평가제도가 개선되길 희망한다.

평생 학습시대이다. 방통중·고·대학은 좋은 취지의 교육시스템이다. 특별한 학습자에겐 주경야독의 기회를 제공한다. 이제는 모든 대학의 문을 넓게 개방해야 한다. 주간과 야간, 연령과 상관없이 평생학습 기관으로 존재해야 한다.

대학 간 학점도 공유해야 한다. 개방적이어야 하고 융합해야 한다. 당연하다.

점수 몇 점 차이로 진로와 직업이 달라지는데 다시 배우고 수능 시험칠 수 밖에. 여러분의 생각은 어떻가?

같은 입장이 많을 것이다

배우고 싶은 공부를 희망하면 문호 개방하고 대학에서 나이 무관하여 수준별로 공부시키면 좋겠다.

대학 전문과정을 배우고 가르치면 누가 이익인가?

개인과 대학, 사회와 국가가 이익이다.

학력(學歷)이 소중한가?

학력(學力)이 소중한가?

대한민국은 학력(學歷)에 따라 직업이 달라지는데 누가 학력(學歷)를 무시하겠는가?

현재 삶에서 가치 있는 선택은 각자 상황에 따라 다양하다. 학력(學力)은 평생학습이고 능력이 된다. 능력은 세상에 가치를 실천하는 자산이다. 평가를 위한 공부의 시대에서 앎을 위한 공부의 시대로 변화이다. 앎은 곧 삶이요, 삶은 세상에 실천하는 가치있는 공부이다. 사회와 국가의 품격이 향상된다.

학교에서는 총합평가만이 교육의 결과 자료이다. 학생에겐 총합평가 점수 비중은 매우 중요하다.

사람을 평가하는 데 좋은 방법을 찾아야 할 때이다.

6. 수업을 관찰하고 기록한다

수업관찰 내용은 학교생활기록부에 기록한다.

교사가 수업시간 학생의 활동 내용을 기록해두면 학교생활기록부에 기록하는 근거가 된다.

수업시간 행한 특별한 내용을 기록한 '수업관찰기록부'다.

일종의 명렬표이다. 명렬표에 세로로 칸을 나누어 항목을 만들어 작성하고, 각 반 수업시간에 발표나 보고서 작성, 수행과정에서의 특기사항을 기록하는 것이다.

기록할 내용은 각 교과의 수행평가나 학습내용에 따라 다르다. 수업시간에 학생 행동을 관찰하며 정확하게 기록한다. 학생의 성장과 학습 과정을 상시 관찰한 누가기록이 종합평가 자료가 된다.

'수업관찰기록부'는 수업시간에 관찰한 발표, 보고서, 산출물의 완성도와 내용을 기록하는 것이다. 대부분 교사가 활용하고 있으며, 양식은 명렬표에 교사의 재량으로 만들어 사용한다.

수업관찰기록부를 늘 준비하고 수업한다. 이것은 수업을 맞춤형으로 하는 기초가 된다.

이를 잘 활용하면 학생의 성장 발달 정도와 개인의 능력을 참고할 수 있기에 편리하다. 교사가 약간 귀찮기도 하다. 특히 주당 1~2시간 교과, 전교생 수업하는 다인수, 다학급 경우엔 개인별 파악하기 너무 힘들다. 주당 3~5시간이면 가능할까?

수업 시간은 관찰 시간이다.

교사의 수업시간은 가르치는 시간이다. 가르치고 관찰하려면 수업 디자인을 잘해야 한다. 강의식 수업에선 관찰하는게 어렵다. 그래서 강의식은 줄이고 학생 활동 중심수업을 설계해야 한다. 요즘 학생들은 개인적인 성향이 강하다. 서로 협력하여 학교생활을 연구하는 풍토가 조성되어야 한다.

교과 교사들도 교사 개인 차이가 있다.

이를 잘 해결하려면 동료교사의 소통이 중요하다. 함께 연구하고 함께 수업을 디자인한다.

정보 공유하는 수업 연구가 즐겁고 행복하게 된다. 동료 교사는 수업 친구이다. 특정 학생도 교과목 교사의 평가가 다를 수 있다. 이유는 학생의 성향에 따라 교과 수업 참여도가 다르기 때문이다.

교사는 학생과의 관계가 중요하다.

관계를 잘 맺으면 생활지도가 필요 없을 정도로 상호작용이 잘 된다. 즉 학생과 관계지수에 따라 학생들 생활지도와 연관이 된다. 거리를 좁히는 게 교사가 노력할 행동이다.

수업시간 관찰평가 어떻게 하나?

짧은 수업시간에는 관찰하는데 한계가 있다.

관찰의 가장 좋은 방법은 과제해결 활동 중심 수업이다.

팀별 탐구 조사 발표 수업과 개인별 보고서 작성하는 수업이다. 수업 중 관찰을 자세히 하려면 여유 있게 수업하고, 학생에게 관심을 가져야 한다. 어떤 학생은 점점 좋아질 것이고, 어떤 학생인 그 반대일 수 있다. 이런 경우가 학생 상담대상이다.

상담은 관계를 개선하며 성장하도록 안내하는 것이다.

교실을 순회하면 관찰할 수 있다.

관찰하면 학생들의 학습 태도가 눈에 들어온다. 특별히 잘하거나 특별히 못하는 것을 파악하기가 쉽다. 학습 속도가 느린 학생이거나 어려워 하는 학생에겐 큰 관심을 가져야 한다. 교사는 교실 순회하고 특별한 내용을 '수업관찰기록부' 에 기록하여 학생부 기록의 근거로 삼는다.

세심하고 꾸준한 관찰이 맞춤형 교육의 시작이다.

관찰은 꾸준하게 학생을 살펴봐야 하며, 관찰 기록부(일종의 명렬표)를 준비해서 체크하고 기록해두어야 한다. 교과 진도 나가야 하고, 설명하다 보면 이 또한 쉽지는 않다.

수업 개선 방법과 평가 방법을 궁리하면서 사용한다.

진심경 13

7. 학교생활기록부 기록

학교생활기록부

학교생활기록부는 교육부 훈령에 따라 작성되는 공문서 (법정 장부)이다.

교사가 맘대로 작성하는 것이 아니다. 입력하는 내용과 방법에는 원칙과 규칙을 준수해야 한다.

학교생활기록부의 기록할 내용은 매우 많다. 학교에서 행한 대부분 내용을 기록한다. 수업 시간에 학생의 행동을 관찰하며 학업성취도 모두 정확하게 기록해야 한다. 학생의 학교생활의 전반적인 사항을 학교생활기록부에 기록한다. 학생부에 기록할 때 문자는 한글로(부득이한 경우 영문으로), 숫자는 아라비아 숫자로 입력한다.

학교생활기록부는 학생의 성장과 학습 과정을 교사가 상시 관찰·평가한 누가기록 중심의 종합적인 기록이다.

생활기록부를 입력해야 하는 법적 근거는 우리나라 초·중등교육법 제25조, 초·중등교육법 시행규칙과 학교생활기록부 작성 및 관리지침을 따른다.

초·중등교육법 25조

제25조(학교생활기록)
① 학교의 장은 학생의 학업성취도와 인성 등을 종합적으로 관찰·평가하여 학생지도 및 상급학교 고등교육법 제 조 각 호에 따른 학교를 포함한다 이하 같다 의 학생 선발에 활용할 수 있는 다음 각 호의 자료를 교육부령으로 정하는 기준에 따라 작성 관리 하여야 한다. <개정 2013. 3. 23.>
1. 인적사항
2. 학적사항
3. 출결상황
4. 자격증 및 인증 취득상황
5. 교과학습 발달상황
6. 행동특성 및 종합의견
7. 그 밖에 교육목적에 필요한 범위에서 교육부령으로 정하는 사항
② 학교의 장은 제 항에 따른 자료를 제 조의 에 따른 교육정보시스템으로 작성 관리하여야 한다.
③ 학교의 장은 소속 학교의 학생이 전출하면 제 항에 따른 자료를 그 학생이 전입한 학교의 장에게 넘겨주어야 한다.
[2012. 3. 21.] 전문

학교생활기록부를 작성한다는 것의 의미는 무엇인가?

교사 업무의 기본이 학교생활기록부의 입력이다.

학교 교육과정의 과목에 따라 수업과 평가하고 관찰하고 기록한다. 학생의 생활 태도는 수시로 상담한다. 이 과정에서 정보들을 취합하여 학교생활기록부를 작성하는 것이다.

학교생활기록부에 대하여 현 상황을 살펴본다

과거에는 방학식날 생활통지표라 해서 학생에게 전하면서 부모님께 가정에서 학교로 보내는 문자를 써오라고 하는 담임교사가 대부분 이었다. 학부모와 소통의 한 방법이었다. 대부분 '선생님께 감사하며, 잘 부탁합니다'라는 문구가 많았다.

인터넷 세상이 되면서 NEIS에 학생부의 기록이 입력되었으니 가정에서 접속해서 알아서 보라고 가정통신문을 보낸다. 학생은 부모님께 전하는 학생도 있겠으나 대부분 중간에서 전달 끝이다. 담임교사나 교과교사의 소통이 거의 없다.

요즘에도 성적통지표를 출력하여 제공하는 학교도 있다. 바쁜 학부모는 소통이 잘안되고 자녀의 학교생활에 대해 잘 모른다.

유치원에서는 모든 사항이 CCTV로 실시간 영상으로도 확인할 수 있다. 학생 작품은 모두 학부모에게 전해진다. 학생의 작품은 소질계발의 근거자료이다. 글, 그림, 활동 사진, 다양한 산출물이 유치원 활동 이력이다.

초등학교 교사는 교우관계, 생활태도, 학생의 식성까지 모든 행동거지를 모두 파악할 수 있다. 모든 사항을 초등학교 교사는 알수 있다. 중·고등학교도 마찬가지이다.

아침에 등교해서 수업시간, 쉬는시간, 점심시간, 귀가 전까지 모든 생활이 관찰된다. 담임교사는 모든 사항을 관찰하며, 지지하고, 격려하고, 칭찬하고, 바르게 교육하느라 수고가 많다.

좋은 습관을 형성하도록 가르치고 있다. 내 자녀보다 학생들의 행동을 자세하게 발견하게 된다. 학부모는 가끔 학교에서 자녀의 학교생활을 수업공개시 잠깐 보는 게 대부분이다. 내 자녀의 학교생활 확인은 이뿐인 경우가 많다. 졸업식 날 처음 오는 학부모도 많다.

학교생활기록부에는 학교생활에 대한 모든 사항이 기록된다. NEIS 대국민 서비스에서 학부모가 확인하는지 궁금하다.

중·고등학교는 교과별 담당 교사가 수업한다.

중학교 자유학년제는 1학년 전교생의 전교과 활동을 모두 기록한다. 중·고등학교 담임교사는 조례·종례시간, 점심시간에 학급 교실을 순회하며 학생을 관찰한다. 교사는 점심시간도 바쁘게 다닌다. 학교생활기록부에 교과교사의 성취기준에 따른 성취수준 내용과 성적이 기록된다. 학교생활기록부 내용이 제공되지만 확인하는 학부모는 얼마나 될까? 모든 학부모가 확인을 바랄 뿐이다.

학부모님께 전한다.

학교생활기록부는 학생의 성장과정을 기록한 것이다.

내 자녀의 학교생활과 교과 성적에 대하여 분석하길 바란다. 초등학교 6년 생활기록부, 중학교 3년간 생활기록부를 출력하여 항목별로 비교 분석하길 바란다. 초등학교 생활기록부와 중학교 생활기록부를 확인하면 모든 사항이 한눈에 확인된다.

특히 교과성적을 잘 살펴보고 미래 진학과 진로선택에 참고하길 바란다. 고등학교 학생은 학생부 기록에 관심이 많다. 대학 입학과 관련이 있기 때문이다. 오로지 대학만 입학만 신경쓰면 졸업 후 직업 선택에 어떻게 되겠는가?

학교생활기록부 신뢰도는 어느 정도일까?

학교생활기록부는 학교생활의 성실도이다.

학교생활기록부는 진학에 영향을 미치므로 긍정적 내용만을 기술하고, 약점이 될만한 내용은 거의 기록하지 않는다. '나중에 커서 잘 하겠지' 피그말리온 효과를 기대한다.

교사의 마음이 이렇다.

바다와 같은 넓은 마음뿐이다.

거룩하고 아름다운 사랑의 마음을 누가 알아줄까?

8. 나이스 대국민 서비스

나이스 대국민 서비스이다.

학교생활기록부 내용은 '나이스 대국민 서비스 홈페이지'에 제공한다. https://homedu.use.go.kr

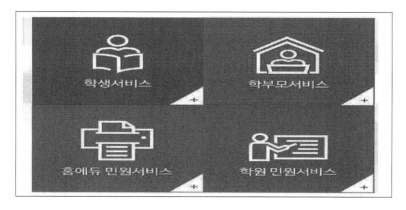

※ 학교생활기록부는 '재학생 및 2003년 이후 졸업생부터 발급 가능'하다. 이전 졸업자는 가까운 교육청, 교육지원청, 각급 학교를 방문하여 수기 발급받으실 수 있다.

학교생활기록부는 학생이 학교에서 생활한 내용이 서술형 또는 점수로 기록되어 있다. 초·중·고등학교의 모든 이력 내용이 제공된다. 학교생활기록부는 학교생활의 성실도를 반영한다.

학교생활기록부에는 학습 결과 이력 자료와 기록한 자료를 제공한다. 나이스 대국민 서비스에서 제공하는 분야는 크게 네가지 영역이다. 홈 에듀 민원 서비스, 학생 서비스, 학부모 서비스, 학원 민원 서비스이다.

첫째, 홈 에듀 민원 서비스이다.
　　홈 에듀 민원 서비스에서는 교육 관련 민원 서류
　　조회, 발급, 우편 신청이 가능하다.
둘째, 학생 서비스이다.
　　현재 재학 중인 학생은 본인의 학교생활 정보를 나이스
　　학생 서비스를 통하여 확인할 수 있다.
셋째, 학부모 서비스이다.
　　현재 재학 중인 자녀의 학교생활 정보 조회 및 열람
　　서비스를 이용할 수 있다.
넷째, 학원 민원 서비스이다.
　　전국 13만여개의 학원, 교습소 정보를 제공한다.

현재의 학생은 학교생활기록부가 매우 중요하다.
교사는 올바르게 기록하여 신뢰도를 높이고, 학생·학부모에게 제대로 확인하도록 안내한다.

지금까지 수업의 의미와 역할을 살펴봤다.

수업의 중요성과 학생들의 역량함양을 위한 행복해지는 7가지 수업의 방법에 대해 살폈다. 수업시간의 중요성과 교사의 수업 관찰과 학생평가에 대해 살폈다. 학생의 학교생활기록부에 대한 간단한 내용과 평가방법과 기록하는 내용을 살폈다.

이제는 학교교육에 대하여 다시 생각할 때이다.

학생을 변화시키는 방법은 무엇일까?

교사는 관심과 사랑이 제일이다. 미래를 위한 교육이 이루어지는 교실에서 학생 개개인의 소질을 생각할 때이다. 학교는 이제 바뀌어야 하며 변해야 하는 시기이다. 이 세상에 변하지 않는 것은 없다. 변하지 않는 것은 변한다는 사실이다. 변화를 두려워하지 말고, 변화에 앞장서는 교사이길 기대한다.

교사는 늘 성장하고 변해왔고,
　　　변화에 잘 적응하며 교육할 것이다.

교사가 행복해야 학생이 행복하다.
학생이 행복해야 학교가 행복하다.
학교가 행복해야 학부모가 행복하다.
학부모가 행복해야 사회가 행복하다.
사회가 행복해야 국가가 행복하다.

우리나라 [교육기본법 9조]
'학교교육'에 관한 내용이다.

제9조(학교교육)

① 유아교육·초등교육·중등교육 및 고등교육을 하기 위하여 학교를 둔다.
② 학교는 공공성을 가지며, 학생의 교육 외에 학술 및 문화적 전통의 유지·발전과 주민의 평생교육을 위하여 노력하여야 한다.
③ 학교교육은 학생의 창의력 계발 및 인성(人性) 함양을 포함한 전인적(全人的) 교육을 중시하여 이루어져야 한다.

수업의 목적은 무엇인가?
학교교육의 목적은 무엇인가?
교육의 목적은 무엇인가?
우리는 무엇을 교육해야 하는가?

축복이다

이 일이 세상에 작은 봉사지만
큰 보람을 느끼는 행복의 길이라네
사랑 주고 존중받고 인정받으며
많은 꿈을 갖게 전하는 꿈 전도사이다.

온갖 시련 다 극복하고
고통 미움 삭이며
기다리고 기다리니
이 또한 즐겁지 아니한가?

한평생 이 길을 걷는 그대여
보람을 느끼며 만족하는 지금
이게 축복이다.

[참고 문헌]

《내 마음의 시(詩)》, 강신진, Bokk, 2022.

《1만 시간의 법칙》, 이상훈, 위즈덤하우스, 2010.

《인성이 실력이다》, 조벽, 해냄, 2016.

《무지개 원리》, 차동엽, 위즈엔비즈, 2007.

《쉽게가르치는기술》, 야스코치테츠야 최대현, 두리미디어, 2008.

《수업은 왜하지》, 서근원, 우리교육, 2012.

《최고의 교수법》, 박남기, 쌤엔파커스, 2017.

《수업의 달인 50가지 전략》, 김연배, 글로북스,2014.

《수석교사 제도》, 강신진, 부크크, 2023.

《럭키》, 김도윤, 북로망스, 2021.

《질문이 있는 교실》, 이홍배 외, 한결하늘, 2016.

《수업을 바꾸다》, 김현섭, 한국협동학습센터, 2013.

《교육과정 수업 평가 기록 일체화》, 이명섭, 교육과실천, 2022.

《철학이 살아있는 수업기술》, 김현섭, 수업디자인연구소, 2017.

《공부는 망치다》, 유영만, 나무생각, 2016.

《세상에 이런 법이》, 강신진, 부크크, 2022.

《복수당하는 부모들》, 전성수, 베다니출판사, 2017.

《수석교사 수업 톡(talk)》, 강신진유덕철장양기, Bokk, 2023.

[참고사이트]

교육부 홈페이지(www.moe.go.kr)

국가교육과정정보센터
http://www.ncic.re.kr/nation.dwn.ogf.inventoryList.do#

대한민국 정책 브리핑 – 전자정부 누리집
https://www.korea.kr/news/visualNewsView.do?newsId=148900094

교육부 공식 블로그
https://if-blog.tistory.com/12919

교육과정지원포털 – 2022 개정교육과정 안내
https://curri.gyo6.net/curri/intrcn/inqr.do?year=2022

나무위키 공부
https://namu.wiki/w/%EA%B3%B5%EB%B6%80

위키백과 다중지능이론
https://ko.wikipedia.org/wiki/다중지능이론

행복한 교육 –
4차 산업 혁명 시대에 필요한 '6C'를 갖춘 미래 인재
https://happyedu.moe.go.kr/happy/bbs/selectBoardArticleInfo.do?bbsId=BBSMSTR_000000000231&nttId=11042

서울특별시교육청교육연구정보원
https://webzine-serii.re.kr/수업은-평가를-바꾸고-평가는-수업을-바꾼다

아시아교육협회
https://educomasia.org/htht/

지식채널e '시험의 목적'
https://jisike.ebs.co.kr/

유튜브 김교장
https://www.youtube.com/@user-pm6hf5io2d

학교생활기록부 종합지원포털
https://star.moe.go.kr/web/main/intro.do

---

1) 교육과정지원포털 2022개정교육과정
   https://curri.gyo6.net/curri/intrcn/inqr.do?year=2022
2) 위키백과, https://ko.wikipedia.org/wiki/다중지능이론
3) 나무위키 https://namu.wiki/w/트레이너
4) 위키백과 https://ko.wikipedia.org/wiki/훈련
5) 위키백과 https://ko.wikipedia.org/wiki/제4차_산업혁명
6) 나무위키 https://namu.wiki/w/시험
7) 위키백과 https://ko.wikipedia.org/wiki/시험

행복에지는 교사들의 7가지 수업

저 자ㅣ 강신진 유덕철
내지그림ㅣ 유덕철

발 행ㅣ 2023년 3월 3일
펴낸이ㅣ 한건희
펴낸곳ㅣ 주식회사 부크크
출판사 등록ㅣ 2014.7.15.(제2014-16호)
주 소ㅣ 서울특별시 금천구 가산디지털1로 119
　　　　　　　　(SK 트윈타워 A동 305호)

전 화ㅣ 1670-8316

ISBN ㅣ 979-11-410-1808-5

www.bookk.co.kr
ⓒ 강신진 2023